KURT TEPPERWEIN

Das kleine Buch vom Loslassen

W0398720

Bibliografische Information der Deutschen Nationalbibliothek
Die Deutsche Nationalbibliothek verzeichnet diese Publikation in der Deutschen Nationalbibliografie.
Detaillierte bibliografische Daten sind im Internet über http://d-nb.de abrufbar.

Für Fragen und Anregungen
info@mvg-verlag.de

Originalausgabe
1. Auflage 2018

© 2018 by mvg Verlag, ein Imprint der Münchner Verlagsgruppe GmbH
Nymphenburger Straße 86
D-80636 München
Tel.: 089 651285-0
Fax: 089 652096

Alle Rechte, insbesondere das Recht der Vervielfältigung und Verbreitung sowie der Übersetzung, vorbehalten. Kein Teil des Werkes darf in irgendeiner Form (durch Fotokopie, Mikrofilm oder ein anderes Verfahren) ohne schriftliche Genehmigung des Verlages reproduziert oder unter Verwendung elektronischer Systeme gespeichert, verarbeitet, vervielfältigt oder verbreitet werden.

Redaktion: Petra Holzmann, München
Umschlaggestaltung: Manuela Amode, München
Umschlagabbildung: istockphoto.com/ipopba
Layout: Pamela Machleidt, München
Satz: Müjde Puzziferri, MP Medien, München
Druck: Florjancic Tisk d.o.o., Slowenien
Printed in the EU

ISBN Print 978-3-86882-895-5
ISBN E-Book (PDF) 978-3-96121-149-4
ISBN E-Book (EPUB, Mobi) 978-3-96121-150-0

Weitere Informationen zum Thema finden Sie unter

www.mvg-verlag.de

Beachten Sie auch unsere weiteren Verlage unter www.m-vg.de.

KURT TEPPERWEIN

Das kleine Buch vom Loslassen

365 ÜBUNGEN, UM ENDLICH GLÜCKLICH ZU SEIN

mvgverlag

Einführung: Warum das Loslassen so wichtig ist

Mit dem vorliegenden Kalender bekommen Sie ein wertvolles Werkzeug an die Hand. Vielleicht haben Sie sich schon immer gewünscht, losgelöst durchs Leben zu gehen. Dieses Losgelöst-Sein ist jedoch keine Frage von Lebensumständen, sondern eine innere Haltung, die Sie erlernen können. Der vorliegende Kalender möchte Ihnen dabei eine Hilfe sein.

Früher dachten die Menschen, Losgelöstheit sei zu erreichen, indem sie sich in ein Kloster, in eine spirituelle Gemeinschaft oder in eine Höhle zurückzögen, in eine Hütte am Strand oder auf einen einsamen Berg. Gegen Ende der Sechzigerjahre experimentierten viele Menschen mit alternativen Lebensformen. Und um innere Welten zu bereisen, wurden auch Drogen, schamanische Pilze und LSD eingesetzt. Doch letztendlich konnten viele erkennen, dass, wo immer wir sind, wir uns stets mit dem »Was ist« auseinandersetzen müssen. Wir können dem »Was ist« nicht entfliehen und deshalb ist es das Beste für uns, wenn wir uns dem Leben stellen, es annehmen, so wie es ist. Loslassen bedeutet also keine Weltflucht. Im Gegenteil: Loslassen gibt uns erst die Möglichkeit, in der Welt unseren Platz einzunehmen, indem wir Losgelöst-Sein als eine innere Haltung kultivieren. Es geht also nicht darum, Besitz zu verschenken, einen gesellschaftlichen Status loszuwerden und schwierige Beziehungen aufzukündigen, sondern sich inmitten von alledem losgelöst und frei zu bewegen. Wo immer wir hinreisen, wir nehmen stets »uns selber« mit. So mancher Aussteiger erkannte, nachdem er Jahre meditierend auf einem Berg zugebracht hatte, dass all seine Gier, seine Angst, sein Leiden wieder aufflammte, als er wieder zurück in die Städte kam und dass genau die Welt, der er entfliehen wollte, der Ort ist, an dem er das Wunder der Losgelöstheit erleben kann. Loslassen ist eine ständige Übung, die wir dort praktizieren können, wo wir im »Hier und Jetzt« sind. Die Lebensumstände, in denen wir leben, bieten uns genau die Probleme, Schwierigkeiten und Herausforderungen, um inneres Loslassen zu praktizieren.

Die Existenz, das »Was ist«, ist unsere ewige Geliebte. Warum? Weil sie uns nie verlässt, deshalb ist sie auch die perfekte Geliebte. Sobald wir das »Was ist« lieben, erkennen wir, dass jeder Augenblick von uns ein Loslassen des vorangegangenen Augenblickes erfordert.

Unser Ego ist nichts anderes als die Illusion des Getrennt-Seins vom Ganzen. Es war wertvoll, um uns bei unserer Individualisierung zu begleiten. Doch wenn wir losgelöst leben wollen, müssen wir in Kontakt kommen mit etwas, was größer ist als unser Ego, und aus dem heraus leben, wie immer wir das nennen: TAO, die »Eine Kraft«, kosmisches Bewusstsein, innere Rückverbindung, Gegenwart Gottes, Einheitsgeist o.Ä.

Der Mensch ist stolz auf seine intellektuellen Fähigkeiten, auf seinen »Mind« (engl. Verstand, Gefühl). Unser »Mind« ist wertvoll und notwendig, bis wir bereit sind, über das »kollektive Ego« hinauszugehen und aus einer größeren Bewusstheit heraus zu leben. Es bedeutet, das Gefangen-Sein im bilateralen Denken zu übersteigen, um zur Wahrnehmung der hinter dem Schein der Welt wirkenden »Einen Kraft« zu gelangen.

Ein Sinnbild soll zeigen, wie wichtig das Loslassen ist: Stellen Sie sich vor, Sie befinden sich auf einer Ballonfahrt. Um aufzusteigen, müssen Sie Ballast abwerfen. Bei der Ballonfahrt spüren Sie das Loslassen von Ballast am Aufsteigen, seelisch erleben Sie es als eine »Erleichterung«. Sie haben das Gefühl, einen zentnerschweren Sack, den Sie auf dem Rücken getragen haben, abzuwerfen. Weitere Analogien für das Loslassen sind:

- aus einem Beet das Unkraut gerupft zu haben, sodass jetzt wieder Blumen darauf wachsen können;
- die eigene Wohnung entrümpelt und von Sperrmüll befreit zu haben;
- ein wertvolles Seidentuch aus den Dornen bzw. Splitter aus der Haut gezogen zu haben;
- ein altes Trauma / eine alte Angst losgelassen zu haben;
- im Vollbesitz der eigenen geistigen Kraft und Klarheit zu sein.

Nun möchte man denken, loslassen sei doch so einfach. Wenn wir einen Kugelschreiber in der Hand halten und ihn loslassen, fällt er ja von selbst zu Boden. Doch da wir unsere Identifikationen mit ganz bestimmten Erwartungen, Vorstellungen, Glaubenssätzen, Lebensperspektiven verbinden, kleben diese an uns, als wären sie angewachsen. Im Laufe der täglichen Arbeit mit diesem Kalender werden Sie erkennen und erleben, dass der »Klebstoff« einzig und alleine in unserer Identifikation liegt. Sobald wir uns nicht mehr mit etwas identifizieren, lässt dies uns ganz von selbst los.
Stellen wir uns den alten Seelenmüll als Schrott auf einer Müllhalde vor, wie er von einem Elektromagneten in der Luft gehalten wird. Sobald wir den Strom abschalten, fällt der Schrott von selbst in die Grube. Das Ausschalten des Stroms müssen wir bewusst vollziehen. Es ist das Abschalten der Identifikation. Sobald wir aufhören, ein Leiden oder eine Schwierigkeit persönlich zu nehmen, fällt das Problem von uns ab.

Wir leben in einer scheinbar unvollkommenen Welt. Unsere Aufgabe ist es, mit der scheinbaren Unvollkommenheit der Welt (und anderer Menschen) so vollkommen wie möglich umzugehen. Dies ist keine Sache einer Anstrengung, sondern vielmehr einer Geisteshaltung der Losgelöstheit, wie wir sie bei den Weisen beobachten können. Die eigene Vollkommenheit wird durch das durch uns wirkende kosmische Bewusstsein von selbst offenbart, wenn wir alles Unvollkommene loslassen. In jeder Lebenssituation, in jedem Lebensbereich. Der vorliegende Kalender ist dafür ein brauchbares und wertvolles Werkzeug.

Konzept und Aufbau

Sie erhalten mit diesem Werk ein kompaktes Programm an Loslass-Hilfen, aufgeteilt in kleine, appetitliche Häppchen.
Aus der Medizin kennen wir den Begriff der Verschlackung, aus der Ökologie den Begriff der Umweltverschmutzung oder auch Vermüllung. Das vorliegende Werk bietet Ihnen ein Entschlackungs- und Entsorgungsprogramm für Körper, Seele und Geist. Mittels einer kleinen, täglichen, abwechslungsreich gestalteten Übung wird im Laufe eines Jahres eine ganze Menge Ballast abgeworfen. Indem Sie Tag für Tag ein wenig loslassen, erwirken Sie im Laufe des Jahres eine losgelöste Haltung. Der Nutzen liegt in einem weiten Geist, der sich zeigt, wenn die Fenster des Bewusstseins gereinigt sind, in einer Seele, die wieder frei atmen kann, und in einer wachsenden Offenheit für das Leben, »wie es ist«.
Dieses Werk behandelt das Thema des Loslassens in zwölf aufeinanderfolgenden Kapiteln, die den zwölf Kalendermonaten zugeordnet sind:

- Loslassen im Einklang mit der Natur
- Akzeptanz (I)
- Die Energie der Unschuld
- In Beziehung-Sein
- Frei von Stress und belastenden Emotionen
- Freiheit
- Die Grenzen des Verstandes übersteigen
- Fülle
- Gesundheit und Frei-Sein von Leiden

- Akzeptanz (II)
- Mind-Mastering (engl. Meisterschaft im Denken und Fühlen)
- Leben, Tod, Unsterblichkeit

Wie Sie sehen, wurde dem Thema Akzeptanz in besonderem Maße Raum gegeben. Loslassen ist etwas völlig anderes als »weghaben wollen«. So viele Klienten/Patienten wollen ihren Misserfolg bzw. ihre Krankheit loswerden, ohne sich darum zu kümmern, welche Botschaft der Misserfolg für sie hat bzw. warum sie an dieser oder jener Krankheit leiden. Doch dies funktioniert nicht. Erst wenn wir unsere Bearbeitungsthemen akzeptiert, d.h. die Verantwortung für ihr »Mit-uns-Sein« übernommen haben, können wir durch sie hindurch gehen und sie hinter uns lassen. Das bedeutet, die Dinge erst einmal zu akzeptieren, bevor wir sie loslassen. Aus diesem Grund verdient die Akzeptanz in diesem Kalender eine so hohe Aufmerksamkeit.

Anmerkungen:
In diesem Kalender wurde die Unterscheidung getroffen zwischen dem Selbst und dem Ego. Das Selbst steht hier für die wahre Natur des Menschen, seinen essenziellen, unsterblichen Wesenskern. Das Ego hingegen zeigt sich als Ausdruck unserer Vorstellungen über das Leben, als Filter, den wir vor unsere eigentliche Wesensnatur stellen.
Loslass-Übungen lassen sich sehr gut zu zweit machen. Es ist zwar nicht erforderlich, aber doch hilfreich, die eine oder andere Übung zusammen mit einer vertrauten Person zu machen. Um hierfür auch den Bedürfnissen der Singles unter den Lesern gerecht zu werden, wurde die Formulierung »Partner/bester Freund«

gewählt. Mit »bester Freund« kann natürlich auch ein Kollege, Nachbar, Familienmitglied, guter Bekannter etc. gemeint sein. Aus Vereinfachungsgründen wurde in der Regel die männliche Genusform verwendet, wenngleich sich die Aussagen natürlich stets auf beide Geschlechter beziehen. Als Beispiel: »Machen Sie diese Übung mit Ihrem Partner« beinhaltet sowohl den Partner als auch die Partnerin. Dadurch wurde die Umständlichkeit von Formulierungen wie »er/sie« mit allen sich daraus ergebenden Ableitungen vermieden.

Sinn und Nutzen

Ein Kalender bietet gegenüber einem Buch wesentliche Vorteile. Ein Buch – das lesen Sie. Es gefällt Ihnen oder es gefällt Ihnen nicht, und viele Gedanken aus dem Buch sind bereits nach einigen Tagen oder Wochen vergessen. Vorbei ist die Begeisterung, die Sie beim Lesen erlebt hatten. Der Alltag holt uns schnell wieder ein, insbesondere, wenn wir Bücher wie »Fast Food« konsumieren. Was unser Leben dauerhaft in eine gute Richtung bringt, sind tägliche kleine Übungen, die uns durch den Alltag tragen. Doch der Verstand widersetzt sich dem gewöhnlich. Er sucht stets das Neue, er ist im wahrsten Sinne des Wortes »neugierig«.
Das vorliegende Werk befriedigt den Verstand in seiner Neugier. Jeden Tag erhalten Sie einen neuen Kommentar und eine neue Übung. So wird das Abreißen des Kalenders schnell zu einer lieb gewordenen Gewohnheit. Und zugleich haben Sie mit ihm ein kleines Ritual, das Sie durch das Jahr tragen kann.
Vielleicht erinnern Sie sich noch an die Adventskalender in Ihrer Kindheit. Jeden Tag konnte man ein neues Türchen öffnen. Im Laufe der Tage und Wochen »wurde« es so mehr und mehr Weihnachten. Auch wenn dieses Werk kein Adventskalender im klassischen Sinne ist, sondern ein »Jahreskalender«, vermag er das Licht zu zünden – in Ihnen. Die Geburt, die dieser Kalender vermittelt, ist die Geburt zu Ihrem Selbst, das in Ihnen schlummert und darauf wartet, von Ihnen entdeckt zu werden, indem Sie immer mehr loslassen, was nicht zu Ihnen gehört. Sich Tag für Tag an sich selbst zu erinnern, bedeutet, sich zu entwickeln.
Wenn Sie möchten, reißen Sie täglich Ihr Kalenderblatt ab und legen Sie es in Ihr Portemonnaie. So haben Sie es stets ganz ak-

tuell bei sich. Abends schauen Sie es sich noch einmal an, kontemplieren über das Tagesthema, danken in einem kleinen Gebet für den Tag und lassen ihn dann bewusst los, indem Sie das Blatt zusammenknüllen und in den Papierkorb werfen. Ein schönes Ritual.

Indem Sie Tag für Tag mit dem Kalender arbeiten, d.h. den jeweiligen Kalenderspruch gedanklich und tatkräftig umsetzen, wächst in Ihnen das Bewusstsein der Losgelöstheit heran. Wenn Sie dann nach einem Jahr zurückblicken, werden Sie erkennen, welchen großen Schritt Sie in Ihrer Entwicklung getan haben: Sie haben begonnen, losgelöst zu leben. In diesem Sinne wünsche ich Ihnen mit diesem Werk viel Freude.

Ihr

Kurt Tepperwein

Kommentar und Tagesaufgabe

Jeder Tag in diesem Kalender enthält einen **Tageskommentar** und eine **Tagesaufgabe.** Nehmen wir als Beispiel den 27. Januar:

27.
Um befreit zu leben, lassen Sie alle Vorstellungen los, die Sie von sich, von den anderen, von der idealen Beziehung, ja sogar von Gott … haben.

Heute prüfe ich, ob noch irgendwelche Vorstellungen auftauchen und lasse diese los. Ich verwende dafür die nachfolgende Loslass-Formel: »Ich lasse meine Vorstellungen über ... los.«

Beginnen Sie mit dem Tageskommentar:

»Um befreit zu leben, lassen Sie alle Vorstellungen los, die Sie von sich, von den anderen, von der idealen Beziehung, ja sogar von Gott … haben.«

Erst einmal vollziehen Sie die Tagesaussage geistig nach. Machen Sie sich den Tageskommentar bewusst und beziehen sie ihn auf Ihr eigenes Leben, beispielsweise folgendermaßen: »Aha, heute geht es um das Loslassen von Vorstellungen! Um befreit zu leben, sollte ich meine Vorstellungen loslassen!« Mit dieser Aussage gehen Sie nach innen, bis Sie in Ihrem Innersten ein tiefes »Ja« zu dieser Wahrheit spüren. Vielleicht fallen Ihnen dabei Lebensbereiche ein, in denen Sie dieses Loslassen vollziehen möchten. Es kann sein, dass Bilder, Emotionen, Empfindungen aufsteigen.

Bewegen Sie die Tagesaussage im Herzen. Nutzen Sie diese für eine kurze Innenschau.

Dann wenden Sie sich der Tagesaufgabe zu. Sie erkennen sie daran, dass sie in der »Ich-Form« geschrieben ist. In unserem Beispiel:

»Heute prüfe ich, ob noch irgendwelche Vorstellungen auftauchen und lasse diese los. Ich verwende dafür die nachfolgende Loslass-Formel: ›Ich lasse meine Vorstellungen über ... los.‹«

Hilfreich ist es, nach dem Lesen, idealerweise frühmorgens direkt nach dem Aufstehen, die Erledigung der **Tagesaufgabe** mental vorauszuerleben. Dies bedeutet, dass Sie sich gedanklich ganz genau vorstellen, wie Sie die Tagesaufgabe erledigen.

»Heute prüfe ich, ob noch irgendwelche Vorstellungen auftauchen und lasse diese los. Ich verwende dafür die nachfolgende Loslass-Formel: ›Ich lasse meine Vorstellungen über ... los.«

Also prüfen Sie an diesem Tag, ob Sie heute Vorstellungen im Geist haben. Nehmen Sie ein Blatt Papier zur Hand und notieren Sie, was heute an Vorstellungen auftaucht, um losgelassen zu werden, also zum Beispiel:

»Ich lasse meine Vorstellungen über … los:

- meine Freundin und ihr Aussehen, ihre Vorlieben, ihre Art und Weise, mit mir umzugehen, …
- meinen Chef, seine Mentalität, seine Prioritäten, seine Firmenführung, …

- meinen Nachbarn, seinen Umgang mit seinem Garten, seine Art, mich zu grüßen, …
- den Straßenverkehr, den Stau, die hupenden Autos …«

Am Tagesende bei der Tagesrückschau lassen Sie den Tag noch einmal vor Ihrem geistigen Auge vorüberziehen. Fragen Sie sich, inwieweit Sie die Tagesaufgabe erfüllt haben. Dort, wo Sie diese nicht oder nur bedingt erfüllen konnten, stellen Sie sich vor, wie Sie »günstigstenfalls« hätten handeln können. Durch dieses »mentale Umerleben« wird das richtige Verhalten im Unterbewusstsein verankert.

Bei den Tagesaufgaben gibt es auch solche, deren Erledigung länger dauert. In dem Fall betrachten Sie die Tagesaufgabe als Anregung und entscheiden selbst, wann Sie die Tagesaufgabe »erledigen« wollen.

Viele Tagesaufgaben sollten Sie am besten direkt nach dem Aufstehen machen. So schaffen Sie sich bereits am frühen Morgen freie Bahn für ein losgelöstes und damit präsentes Leben.

Januar

Loslassen im Einklang mit der Natur

1. Januar

Festhalten bringt viele Nachteile,
Loslassen viele Vorteile.

Heute frage ich mich: Woran halte ich noch fest? Welche Nachteile nehme ich dafür in Kauf?
Welche Vorteile würde ich persönlich erhalten, wenn ich davon loslassen könnte?

2. Januar

Selbsterkenntnis ist der erste Schritt zur Änderung. Bitten Sie heute die universelle Kraft, in einem ganz bestimmten Lebensbereich eine positive Veränderung zu erfahren. Gehen Sie dafür in Ihre innere Mitte und spüren Sie Ihr wahres Selbst.

Heute sage ich der universellen Kraft in Gedanken ganz klar, was ich erleben möchte und was ich bereit bin, dafür loszulassen.

3. Januar

Loslassen bedeutet, alte Geschichten nicht mehr endlos wieder neu aufzuwärmen, sondern für die Gegenwart frei zu werden. Wir sind nicht das Produkt unserer Vergangenheit, sondern etwas anderes.

Heute öffne ich meine Kreativität für Neues!

4. Januar

»Loslassen führt zu ökologischer und ökonomischer Zielerreichung und hat nichts mit Gleichgültigkeit und Desinteresse zu tun. Loslassen ist die grundlegende Haltung des Vertrauens.«
(Peter Beutler, New Think Group)

Heute halte ich für einige Minuten inne. Ich spüre die Kraft des Urvertrauens in mir.

5. Januar

Sobald Sie sich aufmachen, zu erkennen statt zu jammern, öffnen sich Ihnen völlig neue Türen und Sie sind mit dem Weltall in Fühlung. Alles beginnt, zu Ihnen zu sprechen. Sie leben dann, um es mit den Worten Einsteins zu sagen, in einem »freundlichen Universum«.

Heute betrachte ich eine Situation in meinem Leben wertfrei in der Absicht zu erkennen, was sie mir zu sagen hat.

6. Januar

In der Biologie zeigen sich Härte und Starre als Zeichen des Todes, beispielsweise Altersstarrsinn und Verkalkung. Das Weiche, Losgelöste und Flexible gilt hingegen als das Zeichen des Lebens.

Heute achte ich darauf, dass mein Denken losgelöst und flexibel bleibt.

7. Januar

Die Chinesen wissen schon seit Tausenden von Jahren, dass Loslassen stärker ist als Festhalten. So gilt in der Traditionellen Chinesischen Medizin das losgelöst fließende Wasser als das stärkste Zeichen.

Heute gehe ich für einen Augenblick in die Stille und spüre die strömende Energie in mir.

8. Januar

In Afrika werden Affen mit folgendem Trick gefangen: Man legt eine Kokosnuss in einen Behälter. Der Affe greift nach der Kokosnuss, bekommt aber die geschlossene Hand nicht mehr aus dem Behälter. Um sie herauszubekommen, müsste er die Nuss loslassen. Dazu ist er nicht bereit. Darum wird er gefangen.

Heute mache ich mir bewusst, ob es eine Nuss gibt, die ich nicht loslassen möchte und ergründe gegebenenfalls, wie diese heißt. Ich visualisiere, wie ich diese Nuss loslasse, die Hand aus dem Käfig ziehe und fühle, wie sich mein inneres Befinden dadurch verändert.

9. Januar

In unserem Kulturkreis haben wir das große Geschenk, das Loslassen in der Natur Jahr für Jahr beobachten zu können. Indem Sie loslassen, sind Sie eingebunden in den Lauf der Schöpfung, in das Leben mit seinem großen Loslassen und seinen Neubeginnen.

Heute nehme ich einmal ganz bewusst wahr, wie ich in meinem Leben immer wieder losgelassen und neu begonnen habe, und ehre mich dafür.

10. Januar

Um etwas Neues beginnen zu können, muss ich etwas Altes loslassen. Das ist ein Naturgesetz.

Ich frage mich heute: Was möchte ich Neues beginnen? Was positiv erleben?
Und was muss ich dafür loslassen?

11. Januar

Leben geschieht ständig und es verändert sich täglich. Altes stirbt, Neues wird geboren. Wir sehen es an den Jahreszeiten: Die Natur erblüht in schönster Farbenpracht. Dann wird es Herbst, die Blätter fallen vom Baum, der Winter kommt in seiner Kargheit, um einem neuen Frühling Platz zu schaffen. Und so wie der Baum seine Blätter fallen lässt im Herbst, seine Kräfte sammelt im Winter und neu austreibt im Frühling, so müssen auch wir ständig loslassen, um neu geboren zu werden. Meister Eckhart hat es mit folgenden Worten ausgedrückt: »Wer nicht stirbt, bevor er stirbt, der verdirbt, wenn er stirbt!«

Wovon lasse ich heute los, um neue Kraft zu sammeln?

12. Januar

Loslassen ist der natürlichste Vorgang der Welt: Wir nehmen Nahrung auf, verarbeiten sie und lassen sie los. Und so, wie wir Nahrung verdauen und loslassen, so können wir auch das Leben mit den Erfahrungen, die es uns zu bieten hat, annehmen und loslassen.

Was verdaue ich gerade, um es loszulassen?

13. Januar

»Man muss den Dingen die eigene ungestörte Entwicklung lassen, die tief von innen kommt und durch nichts gedrängt oder beschleunigt werden kann: alles ist austragen – und dann gebären. Reifen wie der Baum, der seine Säfte nicht drängt und getrost in den Stürmen des Frühlings steht ohne Angst, dass kein Sommer kommen könnte. Er kommt doch!«
(Rainer Maria Rilke)

Heute frage ich mich: Welche Früchte will ich in Zukunft hervorbringen?

14. Januar

Sie können die Zeit nicht festhalten, aber
Sie können mit ihr kooperieren.

Ich frage mich heute immer wieder: »Was ist momentan die ›Gunst der Stunde‹?«

15. Januar

Bevor Sie als Paar miteinander ins Bett gehen, prüfen Sie, ob Sie miteinander im Reinen sind. Setzen Sie sich erst einmal hin und tauschen Sie sich darüber aus, was vom Tagesgeschehen losgelassen werden möchte. Ihre Begegnung gewinnt dadurch an Intimität und Intensität. Hierbei können Sie es so halten, dass Sie abwechselnd sprechen. Oder Sie gestalten es so, dass zuerst der eine und dann der andere den Raum und die Zeit bekommt. Wenn Sie gerade keinen Partner haben, versuchen Sie dieses Loslassen telefonisch mit einem guten Freund.

Bevor ich ins Bett gehe, prüfe ich, ob ich mit meinem Partner/besten Freund im Reinen bin.

16. Januar

Wann immer Sie das Gefühl haben, sich nicht in Ihrer Welt bzw. in Ihren Umständen wiederzufinden, ist es höchste Zeit, die innere Einstellung oder die äußeren Umstände zu ändern, möglicherweise sogar beides. Manchmal reicht es auch einfach, kurz in sich zu gehen und das Wort »ändern« zu denken, und die Dinge werden sofort in die Stimmigkeit gerückt.

Heute mache ich mir die »Kraft der Absicht« bewusst. Was möchte ich wirklich erleben?

17. Januar

Heute verbinden Sie sich mit Ihrem Selbst
und ergänzen den einfachen Satz:
»Ich lasse ... los.«
Gehen Sie in Ihre innere Mitte und spüren Sie,
was von Ihnen heute loszulassen ist.

Ich lasse heute alles Unbrauchbare los, vor allem: Ich vollziehe es auch geistig!

18. Januar

Statt sich mit äußeren Bildern zu überladen, lernen Sie besser die Kunst des Sich-Enthaltens.

In dieser Stille des Geistes bitte ich mein Unterbewusstsein, mir die Bilder zu geben, die in den jeweiligen Lebensbereichen für mich wichtig, richtig und stimmig sind.

19. Januar

Wann immer Sie sich einen Film im Fernsehen, Kino oder Internet anschauen, sollten Sie sich der Tatsache bewusst sein, dass dieser Film Ihr Unterbewusstsein stark beeinflussen wird. Deshalb sollte der Film für Sie und Ihre Entwicklung einen starken Wert haben. Er sollte Ihre Seele berühren und aufbauen und nicht aussaugen.
Manchmal ist es auch die Dosis, die über Gift oder Medizin entscheidet.

Bevor ich heute etwas konsumiere, halte ich kurz inne, spüre mich/mein Selbst und prüfe, ob es mir guttut.

20. Januar

Je weniger Sie von konsumierten Bildern beeinflusst werden, umso mehr Raum ist in Ihnen für erwünschte Bilder.

Wann immer heute ein Bild im Fernsehen, Kino, Internet auftaucht, das den Reiz der Anhaftung an sich trägt, nutze ich dies als »Auslöser«, um kurz in mich zu gehen. Ich bitte mein Unterbewusstsein um ein energiegeladenes, hilfreiches Bild aus gleicher Rubrik, das ich »stattdessen« erleben möchte. Ich tauche in meiner Fantasie in dieses Bild eine Minute lang ein, dann bedanke ich mich und komme wieder zurück ins Hier und Jetzt.
Genauso verfahre ich, wenn ich eine Spam-Mail oder einen unerwünschten Anruf bekomme.

21. Januar

Unsere Zeit hat eine Schnelllebigkeit entwickelt, die alles übersteigt, was jemals die Erde betreten hat. Und wenn wir nicht aufpassen, werden wir dabei an allen Ecken und Kanten mit Müll vollgestopft, innerlich wie äußerlich.
Vielleicht kommt unsere Psyche deshalb dem, was wir erfahren haben, oft nicht nach.
Deshalb ist nicht nur das Loslassen so wichtig, sondern auch die Enthaltsamkeit im Annehmen.

Heute prüfe ich sorgfältig bei allem, was ich kaufe oder annehme, ob ich es wirklich brauche und ob es wirklich hilfreich für mich ist. Nichts beschert ein so starkes Gefühl von Reichtum wie »ledigen Gemütes« durchs Leben zu gehen.

22. Januar

Sobald Sie jeden Widerstand gegen das, »was ist«, aufgeben, erleben Sie das Wunder der Wandlung, dessen Zeuge Sie dann sind.

Heute mache ich mir meine Lebensumstände bewusst. Ich lasse bewusst jeden Widerstand los gegen das, »was ist« (in jedem einzelnen Lebensbereich, beruflich, privat usw.), und erlebe, wie durch diese Selbst-Annahme neue Öffnungen entstehen.

23. Januar

Wandlung geschieht, indem Sie annehmen, »was ist«,
und Ihre Aufmerksamkeit dann auf die Möglichkeit einer
Änderung legen und gerichtet halten.
Die Zauberworte sind: »Und das kann sich ändern.«

Heute mache ich mir eine Situation in meinem Leben bewusst, akzeptiere sie so, wie sie ist, und richte dann meine Aufmerksamkeit auf eine Möglichkeit der positiven Änderung.

24. Januar

Das, was Sie bisher an Unerfreulichem erleben mussten, ist nicht die einzige Grundlage für die einzige Art und Weise, weiter auf der Welt zu existieren.
Mit den Zauberworten »Und das kann sich ändern« können Sie das Gleis, auf dem Sie fahren, und damit den Zug wechseln. Ihr Leben ist nicht komplett vorgegeben. Es gibt alternative Realitäten, wenn Sie für sie bereit sind.
Wo Schmerz ist, da ist auch Freude möglich, wo Armut ist, ist auch Reichtum möglich.

Heute erkenne ich die universale Natur der »Realität«, von der wir alle ein unzerstörbarer Teil sind, und lasse mich von Freude durchfluten.

25. Januar

Wann Sie nicht »in sich« und »bei sich« sind, erkennen Sie an Ihrem lieblosen Umgang mit den anderen. Die anderen sind in dem Fall Spiegel der Lieblosigkeit, mit der Sie in solchen Augenblicken gegen sich selbst vorgehen.

Ich halte immer wieder inne und prüfe, ob ich liebevoll mit mir und anderen umgehe. – Falls ich das nicht tue, halte ich sofort ein, lasse los und kehre wieder in meine eigene Mitte zurück. Es gibt nichts Wichtigeres für mich, als in der Mitte, bei mir und in mir zu bleiben.

26. Januar

Wenn Sie sich bewusst sind, wer Sie wirklich sind, gibt es nichts, was Sie nicht an sich heranlassen, aufnehmen, durch sich fließen lassen können: nichts, was Sie nicht vollständig durchleben und loslassen können. Ob es sich um Handystrahlen oder verrauchte Räume handelt, um Zeitgenossen, die destruktiv denken oder negative Emotionen verbreiten – alles stellt eine Herausforderung für Sie dar, Widerstände und Störungen im eigenen Energiesystem zu erkennen, aufzulösen und sich mit dem zu verbinden, der Sie wirklich sind.

Dies nutze ich heute in jeder Lebenssituation!

27. Januar

Um befreit zu leben, lassen Sie alle Vorstellungen los, die Sie von sich, von den anderen, von der idealen Beziehung, ja sogar von Gott ... haben.

Heute prüfe ich, ob noch irgendwelche Vorstellungen auftauchen und lasse diese los. Ich verwende dafür die nachfolgende Loslass-Formel: »Ich lasse meine Vorstellungen über ... los.«

28. Januar

Loslassen wird immer dann besonders schwierig, wenn Sie sich mit etwas identifiziert haben: wenn Sie behaupten, dass dieses Etwas zu Ihnen gehört. Hierbei ist es egal, ob es sich um eine »positive« oder eine »negative« Identifikation handelt. Alles, was nicht dem Selbst entspricht, ist künstlich. Sie sind »nackt« auf diesen Planeten gekommen und werden »nackt« wieder gehen.

Gibt es eine Identifikation, die ich heute loslassen möchte?

29. Januar

Sie sind nicht Ihr Verstand, Sie haben einen Verstand.
Sie sollten vor allem liebevoll mit ihm umgehen.

Heute nehme ich mein Denken wahr, aber ich identifiziere mich nicht damit.

30. Januar

Vorstellungen sind, wie das Wort bereits besagt, Dinge, die Sie vor die Wirklichkeit stellen. Solange Sie an Ihren Vorstellungen festhalten, können Sie die Dinge, Menschen und das Leben nicht wirklich erleben, sondern eben nur geprägt durch den Filter Ihrer Vorstellungen.

Heute mache ich mir bewusst, über wen oder was ich eine starre Vorstellung habe – und lasse diese los. Ich sehe stattdessen das Unendliche in dieser Person, das unbegrenzte Potenzial.

31. Januar

Solange Sie Ihr »Ich« in Umständen und Befindlichkeiten parken, entsteht Leid. Jedes »Ich-Parken« führt zwangsläufig zu Leid, da sich die Dinge laufend ändern.

Heute verbinde ich mich innerlich mit dem, was unveränderlich ist und mich nie verlässt – wie immer ich dieses nennen mag.

Februar

Akzeptanz (I)

1. Februar

Wann immer Sie etwas Neues wollen,
müssen Sie das Alte loslassen. Sie können aber nichts
loslassen, was Sie nicht zuvor in Besitz genommen,
d.h. angenommen haben.
Etwas vollkommen anzunehmen bedeutet,
es vollständig zu umarmen, so wie es ist.
Dies öffnet Ihnen die Türe zur Freiheit.

Ich mache mir heute etwas bewusst, was ich loslassen möchte – ich lasse mein Problem mit einer Sache los, indem ich das, was ich erlebe, vollständig umarme.

2. Februar

Etwas zu akzeptieren bedeutet nicht, dass die Lebensumstände so bleiben müssen – es bedeutet lediglich, anzuerkennen, dass die Dinge gerade so sind, wie sie sind.

Heute erkenne ich eine Sache an, so wie sie ist.

3. Februar

Es ist einfach nicht Ihre Aufgabe, einer Katze das Bellen beizubringen, es ist einfach nicht Ihr Job.

Heute lasse ich den Versuch los, meine Mitmenschen »umerziehen« zu wollen. – Ich akzeptiere sie so, wie sie sind.

4. Februar

Akzeptieren heißt völlige Annahme von dem,
was Sie vorfinden.
Es bedeutet, den eigenen Widerstand gegen das,
»was ist«, loszulassen.
Erst wenn Sie nicht mehr im Widerstand sind,
öffnen sich die Tore zur Wandlung.

Erst wenn Sie etwas akzeptiert haben, können Sie es ändern. Heute lasse ich meinen Widerstand gegen das, »was ist«, los.

5. Februar

Wer sich mit der Realität anlegt, verliert immer – ohne Ausnahme.

Heute mache ich mir meine Lebensrealität bewusst. Ich spüre das Unendliche, wie es durch diese Realität hindurch wirkt.

6. Februar

Eine Sache zu akzeptieren bedeutet, Verantwortung dafür zu übernehmen, dass diese Sache in Ihrem Leben ist. Sobald Sie annehmen können, genau diese Menschen, genau diese Lebensumstände, kreiert zu haben, ist es möglich, dass sich diese verändern.

Heute mache ich mir eine bisher als störend empfundene Situation, ein Symptom, einen Lebensumstand, eine Beziehung als meine eigene Schöpfung bewusst.
Ich sage zu mir selbst: »Ja, das habe ich kreiert«, und entspanne mich darin. Ich bleibe in diesem weiten Bewusstsein und beobachte, was dadurch mit der betreffenden Situation geschieht.

7. Februar

Akzeptanz ist genau genommen nichts anderes als Akzeptanz des »Göttlichen«, des Vollkommenen im eigenen, im anderen, im ganzen Leben.

Heute erlebe ich alles, was mir geschieht, als die Offenbarung des »Göttlichen«. Ich akzeptiere das »Göttliche« in jedem Menschen, in jeder Situation, die mir begegnet.

8. Februar

Die menschliche Psyche ist ein sich natürlicherweise
selbstheilender Mechanismus, solange er
eins mit sich selber ist.
Indem wir unsere inneren Abspaltungen loslassen,
wächst unsere Psyche wieder zusammen.

Heute mache ich mir einen Teil von mir bewusst, den ich bisher von mir selbst abgespalten habe, und heiße ihn willkommen, erlaube ihm, wieder mit dem Selbst zu verschmelzen.

9. Februar

Wenn Sie sagen können: »Obwohl ich in diesen oder jenen Lebensumständen bin, akzeptiere ich mich voll und ganz«, werden Sie erleben, wie positive Veränderung geschieht.

Ich wende heute diese Formel auf eine Lebenssituation an und achte darauf, dass ich auch meine, was ich sage. Ich spüre, wie ich dadurch mit mir selbst in Frieden komme.

10. Februar

Es gibt keine Milch vom Ziegenbock.
Wenn Sie dies einmal akzeptiert haben, können Sie die Schönheit und Einzigartigkeit von Böcken bewundern – statt sich darüber zu ärgern, dass sie keine Milchkühe sind
Und wie ist es mit Ihrem Partner?

Heute akzeptiere ich meinen Partner bzw. meinen besten Freund so, wie er ist.

11. Februar

Es ist unmöglich, negative Gefühle zu haben, wenn Sie sich als deren Schöpfer (an-)erkennen. Wenn Sie Ihren Widerstand dagegen aufgeben, zu fühlen, was Sie fühlen, werden Sie authentisch und Ihre Gefühle werden zu Ihren Freunden.

Heute denke ich an eine Lebenssituation, die mich beschäftigt, und erlaube mir zu fühlen, was ich fühle. Ich bin mit meinen reinen Gefühlen in Kontakt. Ich bin für sie da. Ich erlebe, wie sie sich dadurch verändern.

12. Februar

»Emotionen verlaufen in Wellen: Sie schwellen an, erreichen ihren Höhepunkt und schwellen von selbst wieder ab – wenn Ihr Ego sie nicht daran hindert, sondern Sie Ihre Emotionen wertfrei durch sich hindurchlaufen lassen, ohne einzugreifen.«
(Klaus Jürgen Becker)

Heute beobachte ich das An- und Abschwellen von eigenen und fremden Emotionen und erkenne: Ich bin der Beobachter, nicht die Emotion selbst. Ich lasse meine Identifikation mit »meinen« Emotionen los.

13. Februar

Irgendwie sind wir dazu gekommen, über uns selbst,
die Welt, über Beziehungen, die Gesellschaft, Erfolg, Glück
oder Gesundheit lieblos zu denken.
Und genau diese Einstellung sehen wir dann
im Spiegel unseres Lebens.
Es ist unsere Lieblosigkeit im Denken über die Dinge,
die uns so schmerzt, nicht der andere Mensch oder der
Lebensumstand.
Sobald wir beginnen, liebevoll zu denken,
verschwindet der Schmerz.

Ich mache heute eine positive Erfahrung, indem ich über eine Sache in meinem Leben, die mich beschäftigt, bewusst liebevoll denke.

14. Februar

Solange wir negative Bewertungen aufrechterhalten, bleibt uns das Geschenk verborgen, das jeder Lebensumstand, jeder andere Mensch uns bieten kann.
Wir sind in dem Fall undankbar gegenüber dem, was uns das Leben gegeben hat, und senden dadurch Giftpfeile gegen uns und den anderen.

Ich mache heute die Erfahrung, wie es ist, zu bewundern statt zu bewerten – das Leben, den anderen und mich selbst.

15. Februar

Was immer mir an anderen nicht gefällt, sind Eigenschaften, die ich bei mir selbst verurteile. Deshalb sollte ich Urteile über meine »menschlichen Spiegelbilder« loslassen, ihre Botschaft annehmen und so den »Balken aus dem eigenen Auge« entfernen.

Ich lasse heute meine Urteile über den anderen ganz bewusst los.

16. Februar

»Anerkennen, was ist«, entspannt jede Situation.
Es gibt uns inneren Frieden. Wir sind dankbar für das,
was uns gegeben wird – heute dies und morgen jenes.

Heute öffne ich mich dafür zu erfahren, was mir im Abenteuer Leben »gegeben wird«.

17. Februar

»Leiden ist die Beziehung zum Ich-Gedanken.«
(Poonjaji)

Wir sollten es aufgeben, Geschichten
um unsere Probleme zu weben.
Denn durch Geschichten rechtfertigen wir ein
Problem nur und zementieren es damit ein.

Heute frage ich mich: »Wer wäre ich ohne meine Geschichte?«

18. Februar

Das Akzeptieren einer Begrenzung ist stets
der erste Schritt, um über sie hinauszugehen.
Indem ich die Begrenzung anerkenne, sage, »da weiß ich
nicht weiter«, und mich den höheren Kräften öffne,
erfahre ich, wie die Lösung von selbst entsteht.

Wann immer ich heute vor einer Begrenzung stehe, lasse ich meinen Verstand mit seinen begrenzten Lösungen los und öffne mich höheren Kräften, um zu empfangen.

19. Februar

Was wir loslassen sollten, ist der begrenzte Umgang mit Begrenzungen. Wir sollten Begrenzungen mit einem weiten Bewusstsein begegnen und sie dadurch, so weit es geht, zum Vorteil nutzen.

Heute entdecke ich, was ich günstigstenfalls aus Begrenzungen machen kann, welcher geheime Vorteil darin liegt – und nutze diesen Vorteil.
(Beispiel: Jemand, der im Gefängnis sitzt, hat viel Zeit für sich selbst.)

20. Februar

Am meisten begrenzen wir uns durch unsere falschen Überzeugungen, die wir über die Realität und unser Leben haben.

Heute frage ich mich einmal: »Wodurch begrenze ich mich?«
Ich gehe in die Stille und bitte mein Unterbewusstsein, mir die für mich gerade wichtigste Überzeugung bewusst zu machen. Und lasse sie los.
(Beispiel: Der Glaubenssatz: »Ich kann ohne Partner/mit meinem Partner nicht glücklich sein.«)

21. Februar

Entdecken Sie, dass Ihre Lebensumstände ein Spiegel Ihrer inneren Überzeugungen sein könnten und nutzen Sie diese Erkenntnis praktisch: Nehmen Sie eine Lebens-Situation, die noch nicht ideal ist, und finden Sie heraus, welche innere Überzeugung mit ihr zusammenhängt.

Ich vollziehe die hier beschriebene Übung heute.
Beispiel: »Was mich derzeit am meisten belastet, ist, dass ich keine Erfüllung in meinem Beruf als ... finde.« Dahinter steckt der Glaubenssatz: »Als ... kann ich keine Erfüllung finden.« Kann ich wirklich wissen, dass dies allgemeingültig und wahr ist? – Nein! – Die neue »Auch-wenn-Formulierung« lautet: »Auch wenn ich ... bin, kann ich berufliche Erfüllung finden!« Sobald dies geglaubt werden kann, wird sich entweder die berufliche Stellung positiv verändern – oder die Einstellung dazu.

22. Februar

Das Anerkennen des »Ist-Zustandes« entspricht dem alten Huna-Gesetz: »Jetzt ist der Augenblick der Macht!«

Indem ich heute immer wieder mit dem verschmelze, was »jetzt« ist, erfahre die hinter allem wirkende »Eine Kraft«.

23. Februar

Denken Sie einfach einmal kurz an all das, was Ihrer Meinung nach »anders« sein sollte, was in Ihrem Leben Ihrer Meinung nach nicht stimmt, in welchen Bereichen Sie den falschen Partner, Beruf, Lebensumstand usw. haben – und schon werden Sie sich binnen weniger Minuten elend fühlen.
Und dann denken Sie an genau die gleichen Dinge und erkennen Sie, wie wunderbar die Dinge sind, so wie sie sind – und erleben Sie, wie dadurch sofort Ihr Glücksgefühl steigt.

Ich tue dies jetzt.

24. Februar

Sie können sich Ihr Leben als zwei Züge vorstellen, die parallel zueinander fahren. Der eine Zug ist Ihr Ego mit all den Schmerzen, die es hat. Da rattern die Räder, die Gleise sind schlecht und es besteht die Gefahr, dass dieser Zug jeden Augenblick entgleist.
Der andere Zug ist das Leben. Dieser Zug ist vollkommen intakt, auf dem modernsten Stand der Technik, und alles, was Sie brauchen, ist vorhanden.
Indem Sie »annehmen, was ist«, öffnet sich in Ihnen der Augenblick, in dem Sie von einem Zug auf den anderen springen können. Ein »Gleiswechsel« ist jederzeit möglich. Sie fahren dann wieder in die gleiche Richtung und mit dem gleichen Tempo wie das Leben.

Ich prüfe heute immer wieder, ob alles optimal läuft. – Wenn nicht, halte ich kurz inne, akzeptiere und mache den »Gleiswechsel«.

25. Februar

Viele Leute wollen einfach weghaben, was sie
erleben müssen: seien es ungute Gefühle, Schmerzen,
eine ganz bestimmte Beziehung, Armut.
Das funktioniert nicht.
Sie können nicht sich selber lieben und zugleich
die Empfindungen, Emotionen und Beziehungen
verabscheuen, die gerade durch Sie stattfinden.

Heute nehme ich an, was ich erlebe und fühle, und ermögliche dadurch der Unbegrenztheit, in mein Leben zu strömen, Begrenzungen zu durchdringen, so wie Wasser den Basalt durchdringt.

26. Februar

Wir kommen von der Toleranz über
die Akzeptanz zur Liebe.
Im Tolerieren liegt noch ein Erdulden. Wenn wir den Sprung schaffen zum Akzeptieren, sind wir schon ein Stück weiter. Wir leiden nicht mehr. Wenn wir dann in der Liebe sind, gibt es nichts mehr zu akzeptieren, weil wir Eins mit dem zu Akzeptierenden geworden sind. Die Trennung ist aufgehoben.

Heute liebe ich immer wieder, »was ist«.

27. Februar

»Das, wobei unsere Berechnungen versagen,
nennen wir Zufall.«
(Albert Einstein)

Im Idealfall ist es die Kraft der universellen Absicht,
die durch Sie wirkt und Sie verändert.
Die universelle Absicht ist die Absicht, welche am
meisten im Einklang mit dem Universum ist.

Ich nehme mir heute einmal eine Lebenssituation, die mir wichtig ist, und lenke die universelle Absicht auf sie.
Hierfür muss ich nicht wissen, worin die Absicht des Universums liegt, es reicht, dass ich es tue.

28. Februar

**Indem wir das Vollkommene akzeptieren,
fällt das Unvollkommene von uns ab.**

Heute sehe ich Vollkommenheit, wo immer sie mir begegnet, in jeder Situation.

März

Die Energie der Unschuld

1. März

Es gibt in uns eine Energie, die augenblicklich jede Lebenslage, jeden Lebensumstand positiv verwandelt.
Es ist die »Energie der Unschuld«.
Wann immer Sie einen Menschen oder eine Situation mit der »Energie der Unschuld« betrachten und dies im Bewusstsein halten, erleben Sie das Wunder der Wandlung.

Und genau das tue ich heute!

2. März

Die »Energie der Unschuld« ist keine Frage dessen, was man tut oder lässt, sondern ein Bewusstseinszustand. Wir erkennen diesen Zustand an der Abwesenheit des berechnenden Denkens, an der Weite des Herzens und an der Offenheit für das, »was ist«.
Zu sein mit dem, »was ist«, bedeutet, in der »Energie der Unschuld« zu leben.

Heute bin ich offen für das Leben, wie es sich mir JETZT präsentiert.

3. März

Oftmals kommen wir mit der »Energie der Unschuld« in Verbindung, wenn wir einem Menschen oder Wesen in großer Liebe zugetan sind und uns von dieser Liebe berühren lassen.

Heute denke ich an eine Lebenssituation, in der ich Liebe erlebt habe, und spüre die dahinter liegende »Energie der Unschuld«.

4. März

Die »Energie der Unschuld« finden Sie, wenn Sie sich tief mit Ihrem Herzen verbinden.

Ich fühle jetzt einmal tief in mein Herz hinein und erfahre so den Frieden und die Unschuld meines eigenen Herzens.

5. März

Sobald Sie in Ihrem Herzen sind und die »Energie der Unschuld« spüren, erleben Sie, dass negative, zerstörerische Gedanken wie von selber wegfallen. Dies bezieht sich nicht nur auf zerstörerische Gedanken anderer, sondern auch auf selbstzerstörerische Gedanken, Minderwertigkeitskomplexe und insbesondere Schuldgefühle.

Ich prüfe heute immer wieder meinen Bewusstseinszustand. Sollte er irgendwann einmal nicht optimal sein, halte ich inne und spüre ganz bewusst die »Energie der Unschuld«.

6. März

Die »Energie der Unschuld« ist absichtslos,
aber sehr wirksam.
Machen Sie heute das Experiment, eine Sache oder einen Menschen als unschuldig anzusehen. Es ist nicht erforderlich, dass Sie anderen sagen, was Sie tun.

Ich tue dies heute und beobachte die positive Veränderung.

7. März

Berechnung ist das Gegenteil von Unschuld.
Ein unschuldiger Geist ist frei von Kalkulation.
Er ist offen für das Wunder des Lebens.
Er erlaubt dem Leben stets, sich so zu zeigen, wie es ist.
Berechnung sollte deshalb losgelassen werden.

Heute begegne ich meinen Mitmenschen mit einem unschuldigen Geist.

8. März

Durch Berechnung, List und Manipulation
können Sie das Leben nicht täuschen.
Indem Sie auf das Taktieren verzichten, öffnet
sich Ihnen die Unschuld des Herzens.

Heute lasse ich das Taktieren los und spüre die Geschenke, die mir das Leben freiwillig gibt.

9. März

Da sie völlig frei von Ego ist, wirkt die »Energie der Unschuld« auf einer feineren Ebene als absichtsvolle Energie und kann deshalb auch hartnäckige Schwierigkeiten durchdringen.

Heute denke ich an eine Situation, in der ich Veränderung wünsche, lasse alle Vorstellungen darüber los, was geschehen soll, und lenke die »Energie der Unschuld« genau in diesen Bereich.

10. März

Sie können nicht tagsüber über Ihren Partner bewertend oder gar abfällig denken und dann erwarten, dass abends die großen Zärtlichkeiten stattfinden. Und Sie können nicht Ihren besten Freund insgeheim verurteilen und zugleich hoffen, dass zwischen Ihnen Brücken voller Vertrauen aufgebaut werden.
Lassen Sie jede Form von Bewertung gegenüber Ihrem Partner/besten Freund los und lieben Sie ihn so, wie er ist. Indem Sie sich die bewertende Art des Denkens abgewöhnen, bekommen Sie einen tieferen Kontakt zu Ihrem Partner/besten Freund als je zuvor.

Heute sehe ich meinen Partner/besten Freund in seiner Unschuld, erkenne, dass er jederzeit sein Bestes gibt, und spüre, wie die »Energie der Unschuld« zwischen uns fließt.

11. März

Eine Beziehung in der »Energie der Unschuld« zu halten, bedeutet, Ihren Partner/besten Freund in seiner Größe zu halten, selbst dann, wenn er scheinbar etwas Falsches, Peinliches oder Unangenehmes tut.

Heute verzichte ich ganz bewusst auf eine Sichtweise, welche die Größe des anderen verkennt. Ich erkenne seine Größe heute an.

12. März

Die »Energie der Unschuld« ermöglicht es dem anderen, sein Gesicht auch angesichts von »Unvollkommenheiten« zu wahren und seine Erkenntnisse dann zu machen, wann es ihm entspricht.

Heute lasse ich die Idee los, andere belehren zu wollen. Ich sorge dafür, dass andere mir gegenüber das Gesicht wahren können. Ich weiß, dass ich dadurch einen Raum von Vertrautheit schütze, der uns verbindet.

13. März

Die »Energie der Unschuld« ist unterschiedslos.
Sie scheint auf den Mörder wie auf den Heiligen.
Sie bringt alles, was sie berührt, automatisch in die
»Stimmigkeit«, so wie die Sonne unterschiedslos
alles wärmt und ans Licht bringt. Das »Böse«
wird dadurch gut, das »Gute« noch besser.

Heute lasse ich die »Energie der Unschuld« fließen, in jeder Lebenslage.

14. März

Bei der »Energie der Unschuld« handelt sich um eine Energie, die weder Liebe, Zuspruch oder Reaktion benötigt, sie ist einfach. Sie wird alleine dadurch erweckt, dass wir sie bemerken und unsere Aufmerksamkeit darauf richten.

Heute richte ich meine Aufmerksamkeit immer wieder auf die »Energie der Unschuld«.

15. März

Die »Energie der Unschuld« ist in der Lage, Störungen zu beseitigen, Blockaden zu lösen, Hindernisse zu beseitigen. Dies tut sie nicht aus einer Intention heraus, sondern weil es ihre Natur ist.

Heute richte ich die »Energie der Unschuld« auf einen ganz bestimmten Lebensbereich und bin offen für die Wandlungen, die dadurch in mir und anderen geschehen.

16. März

Die »Energie der Unschuld« verträgt sich nicht mit vorgefertigten Meinungen, Fixierungen und »dem Rechthaben«. Beispiel: Wer die »Energie der Unschuld« erleben will, muss aufgeben, damit »recht zu haben«, wie grausam diese Welt (ihm gegenüber) ist.

Heute bin ich bereit, Fixierungen loszulassen (zum Beispiel: »mein Partner ist langweilig«). Ich betrachte heute einen ganz bestimmten Lebensbereich (zum Beispiel: meine Beziehung) so, als würde ich ihm heute das erste Mal begegnen – ohne Vorgeschichte.

17. März

Gerade dann, wenn Sie sich dazu provoziert fühlen, jemand anderem etwas an den Kopf zu werfen, halten Sie kurz inne. Sie werden erleben, wie viel unnötiger Kleinkrieg dadurch entfällt.

Ich gehe heute ganz bewusst in die »Energie der Unschuld« und antworte aus dieser inneren Haltung heraus.

18. März

Leben ist das, was unbemerkt stattfindet, während die meisten anderweitig beschäftigt sind. Es ist so, als wenn wir eine uralte Landkarte mit uns herumschleppen und versuchen, mit ihrer Hilfe durch Europa zu reisen. Wir müssen nicht nur unsere Landkarte aktualisieren, mehr noch: Wir müssen unsere Fensterscheiben putzen, damit wir frei von Filtern erkennen können, wie das Leben hier und heute wirklich ist.

Heute prüfe ich, ob Vorstellungen darüber auftauchen, wie das Leben bzw. die anderen sind. Ich lasse diese los und begegne meinen Mitmenschen mit der Energie der Unvoreingenommenheit und der Unschuld.

19. März

»Unschuld ist keine Frage von dem, was man tut, sondern von dem, womit man verbunden ist. Jedes Handeln aus dem Ego heraus kann Schuld nach sich ziehen. Handeln aus dem Einheitsbewusstsein heraus befreit von dem ›Wahn des Ich‹ und bringt die Energie der Unschuld ins Spiel.«
(Klaus Jürgen Becker)

Heute mache ich mir bewusst, eins mit dem Ganzen zu sein.
In dieser Einheit fühle ich die »Energie der Unschuld«.

20. März

Unschuld ist keine Frage der Lebensumstände,
sondern ein Bewusstseinszustand.
Wann immer Sie entdecken, dass Sie ins Jammern, Wehklagen, Leiden, Sich-Abstressen kommen, halten Sie inne. Nehmen Sie einen tiefen Atemzug und sagen Sie zu sich selbst:
»Nein! So machen wir das nicht!«

Heute spüre ich die »Energie der Unschuld« ungeachtet der jeweiligen Lebensumstände.

21. März

Die »Energie der Unschuld« ist nichts Persönliches. Es handelt sich hierbei um universelle Energie. Jeder kann an ihr teilhaben. Sie ist so frei wie die Luft. Doch wir sind es, die atmen, d.h. die Unschuld in uns aufnehmen müssen.

Dies tue ich ganz bewusst heute immer wieder.

22. März

Wann immer Sie Schmerzen, Leiden, Frustration oder Unwohlsein verspüren, gehen Sie in die Mitte des Schmerzes. Haben Sie den Mut, dorthin zu gehen, nicht davor wegzulaufen. Sie werden erfahren, dass im Zentrum des Leidens Schmerzfreiheit, Frieden und Unschuld ist, so wie in der Mitte eines Wirbelsturmes.

Heute mache ich mein Empfinden zu meinem Botschafter, gehe in seine Mitte und nutze es als Signal dafür, immer wieder in das Zentrum meiner Wahrnehmung zu kommen.

23. März

Wann immer Sie Schuldgefühle oder feindseliges Verhalten spüren, atmen Sie in Ihr Herz und spüren Sie die »Energie der Unschuld«.

Heute identifiziere ich mich mit der »Energie der Unschuld« und spüre, wie diese sich in mir und um mich herum ausbreitet.

24. März

Wenn Sie sich darin üben, in den natürlichen Zustand der »Energie der Unschuld« zu gehen, erkennen Sie mehr und mehr, dass schuld- oder aggressionsbehaftete Gedankenabläufe, Reaktionen und Routinen nicht zu Ihrem eigentlichen Wesen passen und deshalb losgelassen werden können.

Heute beobachte ich: Mein Leben wird immer »stimmiger«.

25. März

Ein chinesisches Sprichwort rät dazu, das magere Schwein zu fangen, bevor es fett wird. Dies bedeutet, bereits kleine Unstimmigkeiten wahrzunehmen und diese zu korrigieren – in Ihnen.

Ich tue dies heute, indem ich die »Energie der Unschuld« darauf richte.

26. März

In JEDER Lebenssituation haben Sie die Möglichkeit, mit der »Energie der Unschuld« in Kontakt zu kommen.

Heute halte ich inne und entspanne mich mit dem, was ist. Wann immer Gedanken von Schuld auftauchen sollten, nehme ich diese wahr – aber ich identifiziere mich nicht mit diesem Denken.

27. März

Wer an der Vergangenheit festhält, der tappt im Dunklen! Nehmen Sie einen tiefen Atemzug. Richten Sie Ihre Aufmerksamkeit auf den Ort, an dem Sie sich gerade befinden. Sehen Sie sich um – das ist alles, was jetzt »ist«, alles andere ist eine Geschichte in Ihrem Kopf.

Heute mache ich mir immer wieder bewusst, »was ist«.

28. März

»Es ist nicht so, dass sich der Wunsch zu leiden als Wunsch zu leiden zeigt. Er zeigt sich dir als Wunsch glücklich zu sein. Aber du kennst die Verkleidung nicht – das ist alles. Jeder unerfüllte Wunsch, der sich auf etwas richtet, was vergänglich ist, kann niemals dein wirklicher Wunsch sein. Wenn sich der Wunsch auf etwas richtet, was vergänglich ist, wirst du es verlieren.«
(OM C. Parkin)

Heute lenke ich meine Aufmerksamkeit auf etwas Unvergängliches, beispielsweise darauf, das Leiden am Leiden zu beenden – in jeder Situation. Ich spüre, wie dadurch die Anhaftung nachlässt und die »Energie der Unschuld« in mir aufsteigt.

29. März

Wenn Sie das Leiden, den Schmerz, das Ungelöste bewusst und liebevoll akzeptieren, ohne es verändern zu wollen, erleben Sie das Wunder, dass da noch etwas anderes ist.
Sobald Sie das »Leiden am Leiden« aufgeben, entdecken Sie eine Losgelöstheit, ungeachtet der Frage, ob Sie gerade leiden oder glücklich sind.
Sie entdecken das Leben, das hinter allen Lebenssituationen verborgen ist.

Dies entdecke ich heute.

30. März

Wir können die »Energie der Unschuld« als einen innerseelischen Ort erfahren, indem wir unser Bewusstsein darauf richten. Es ist ein Zustand tiefer Losgelöstheit, der uns Frieden bringt.

Ich erfahre diesen Ort heute.

31. März

Unschuld ist nicht hilflos, sondern kraftvoll und mutig. Sie hat verwandelnde Kraft.
Mit einem »Blick der Unschuld« verwandelte Buddha einen Mörder in einen Schüler von ihm.
Jemanden als »unschuldig« anzusehen, bedeutet, Gott, das Vollkommene in ihm wahrzunehmen.

Dies tue auch ich – heute.

April

In Beziehung-Sein

1. April

»Eifersucht ist eine Leidenschaft, die mit Eifer sucht,
was Leiden schafft.«
(Friedrich Schleiermacher)

Viele Menschen verwechseln Eifersucht mit Liebe. Dabei ist Eifersucht, wie der Name bereits sagt, nichts anderes als eine »Sucht«. Die Kunst besteht darin, sich voller Hingabe seinem Partner oder besten Freund zuzuwenden und ihm gleichzeitig den Raum zu geben, sich so frei zu bewegen, wie er möchte.

Heute lasse ich meine Besitzansprüche an meinen Partner los und spüre gleichzeitig die gemeinsame Verbundenheit, die unabhängig von dem Verhalten meines Partners existiert.

2. April

Damit wir die anderen, ihre Eigenarten und das, was sie in unsere Beziehungen einbringen, ertragen, ja sogar genießen können, benötigen wir Urteilsfreiheit, Losgelöstheit und einen großen inneren Raum.

Heute begegne ich anderen Menschen aus der Weite meines inneren Raumes heraus und bleibe in dieser Weite in allen Lebenssituationen.

3. April

Was steht der Liebe im Weg? – Sie vielleicht?
Wer voll ist von sich selber, hat den inneren Raum nicht, in dem zwei Bewusstseinsfelder miteinander tanzen können, und ist letztendlich damit auch nicht beziehungsfähig. Magnetismus entsteht dadurch, dass wir dem anderen den Raum in uns geben, in dem er sich frei entfalten kann, indem wir ihn annehmen, indem wir ihn lieben.

Heute lasse ich los, voll von mir selbst zu sein. Ich schaffe Raum in mir, in dem ein Erlauben des anderen stattfinden kann – und damit wahre Begegnung.

4. April

Anstrengungen, die Sie sich auferlegen, um einen Menschen an sich zu binden, sind ein denkbar ungeeignetes Mittel. Damit füttern Sie günstigstenfalls das Ego des anderen, aber werden sein Wesen nie erreichen.

Heute lasse ich alle Mühe los und bin offen für das Wesentliche zwischen uns.

5. April

Vorstellungen, die Sie einem anderen Menschen überstülpen, wie er zu sein hat und was er tun, denken und fühlen sollte, machen ihm Angst. Sie verhindern geradezu Intimität, deshalb sollten Sie sie loslassen.

Heute frage ich den anderen frei von eigenen Vorstellungen: »Wie geht es dir mit mir? Was fühlst du und was brauchst du, wenn wir zusammen sind?« Ich öffne meine Sensoren und lausche!

6. April

Gerade in Beziehungen stellt sich immer wieder die Frage: Wollen Sie recht haben oder gewinnen? Wollen Sie recht damit haben, was für ein Idiot der andere ist oder wollen Sie an Liebe, Vertrautheit, seelischem Wachstum gewinnen?

Heute entscheide ich mich dafür, zu gewinnen!

7. April

Die Aufgabe einer Beziehung ist es, einander an das vollkommene Wesen, das wir wirklich sind, zu »erinnern«. In diesem »Erinnern« liegt keinerlei selbstsüchtiges Eigeninteresse. Das einzige Interesse liegt darin, dem anderen den Raum zu geben, so zu sein, wie er in Wahrheit ist. Dies tun Sie, indem Sie Ihre »urteilsfreie Essenz«, Ihr wahres Wesen durch sich wirken lassen.

Heute lasse ich los, im anderen eine Person mit begrenzten Eigenschaften zu sehen. Ich sehe in ihm die Eine Kraft, die sich durch eben diese Form ausdrückt.

8. April

Sprechen Sie im anderen sein vollkommenes Sein an und nicht seine vermeintlichen Makel und Abwehrmechanismen. Diese Form von Akzeptanz und Erinnerung wirkt auf den anderen wie eine sanfte Einladung, in der sicher das Richtige geschieht.

Dies tue ich heute!

9. April

Lassen Sie die Idee los, den anderen ändern zu wollen.
Es funktioniert nicht und bringt unnötigen Stress.
Außerdem gibt es Wichtigeres als das
Ändern, nämlich das Erinnern.

Heute liebe ich den anderen so, wie er ist.

10. April

Wenn Sie jemanden an sich selbst erinnern,
dann erheben Sie ihn.
Um ihn »erinnern« zu können, müssen
Sie jedoch darauf verzichten, dass der andere es
Ihnen bequem macht oder in Ihr Bild passt.

Heute konzentriere ich mich darauf, im anderen nicht das Vehikel meiner Bequemlichkeit, sondern das wahre Selbst zu sehen.

11. April

Um innerhalb einer Beziehung loslassen zu können, ist Urvertrauen notwendig. Jede gute Beziehung ist eine Dreierbeziehung zwischen zwei Menschen und dem Urvertrauen. Indem Sie dieses Urvertrauen in sich spüren und die Energie des Urvertrauens auf Ihre Beziehung lenken, erleben Sie sich und Ihre Beziehung als getragen vom Urvertrauen. Sie vertrauen, ja wissen, dass von selbst das Rechte geschehen wird und können deshalb jegliche Form von Beziehungskontrolle loslassen.

Heute spüre ich einmal ganz bewusst mein Urvertrauen in das Leben und auch in die Eine Kraft, welche meine Beziehung(en) lenkt.

12. April

»Manchmal ist man so verbohrt, dass man erst mit sanfter Gewalt auf sein Glück gestoßen werden muss.«
(Hans Bemmann, Schriftsteller)

Heute erkenne ich, dass es nicht darauf ankommt, mit wem ich zusammen bin, sondern wie ich mit jemandem zusammen bin. Ich nehme den Menschen, der mir heute begegnet, bewusst an, so wie er mir entgegentritt. Ich mache von der Möglichkeit Gebrauch, mit ihm glückliche Stunden zu verbringen in dem Maße, wie der andere dazu ebenfalls bereit ist.

13. April

Warum sollte sich der andere ändern?
Natürlich hängt dieser Wunsch immer mit
der eigenen Bequemlichkeit zusammen!

Falls ich heute den Gedanken habe, jemand anderes sollte sich ändern, frage ich mich, welches Eigeninteresse hinter meinem Änderungswunsch steckt.
Und dann vermittle ich dieses Bedürfnis, stehe zu ihm – ohne den anderen ändern zu wollen.

14. April

Heute prüfen Sie einmal, ob es ein Bedürfnis gibt, das durch Ihren Partner/besten Freund gerade nicht erfüllt wird. Nehmen Sie sich und Ihr Bedürfnis liebevoll in Ihr Herz auf. Und versprechen Sie sich, für dieses Bedürfnis da zu sein und es zu nähren – auch wenn es nicht immer erfüllt werden kann.

Dies tue ich heute.

15. April

Es ist nicht Ihre Aufgabe, die Unstimmigkeit eines anderen durch eigene Sympathiekundgebungen noch zu unterstützen. Sie können sehr wohl den anderen als Wesen so akzeptieren, wie er ist, aber zugleich innerlich »Nein« sagen zu Übergriffen und einem Verhalten, das die kosmische Harmonie oder Ihre Autonomie verletzt.

Heute spüre ich ganz klar, inwieweit das eigene Verhalten und das des anderen der kosmischen Harmonie entsprechen. Ich halte den Fokus des Stimmigen.

16. April

Ihr Innerstes weiß ganz genau, wann es stimmig ist, »Ja« zu sagen, und wann das »Nein«-Sagen für Sie stimmt.

Ich spüre heute ganz bewusst hin, wo es mir entspricht, »Ja« zu sagen, und wo mir ein »Nein« entspricht. Ich habe Mut, ehrlich zu sein in meinem »Ja« wie in meinem »Nein«.

17. April

Letztendlich ist es immer nur das Ego, welches wünscht, jemand anderen zu demütigen oder unter erlittener Demütigung leidet. Sobald Sie die Dinge mit Abstand betrachten, erkennen Sie, dass der Demütigende ein Problem hat, nicht der Gedemütigte.

Heute erinnere ich mich an eine Situation, in der ich Demütigung erfahren habe. Ich erkenne, dass die Demütigung gar nicht mich, mein wahres Wesen betrifft, sondern etwas ist, was der andere macht – unabhängig von mir selbst. Ich gewinne die Kraft meiner Unschuld zurück. Ich sage innerlich »Nein« zu der Schmach, die möglicherweise mit dem früheren Erlebnis verbunden war. Ich verzeihe mir und dem anderen.

18. April

Wer wirklich demütig, d.h. in irgendeiner Form mit Höherem verbunden ist, den kann nichts demütigen. Ein Vorbild in dieser Richtung ist Nelson Mandela. Er hat trotz 27 Jahre anhaltender Haft seinen Selbstwert bewahrt und durch sein Beispiel die ganze Welt positiv verändert.

Heute sage ich »Ja« zu mir selbst.

19. April

Alles, was Sie als Demütigung empfinden, fordert Ihr »inneres Nein« zu dem Empfinden der Demütigung heraus und dazu, für sich selbst geradezustehen – zumindest innerlich.
Denken Sie einmal zurück an eine Situation, in der Sie glaubten, eine Demütigung erfahren zu haben. Und dann sagen Sie sich: »Obwohl ich dies erlebt habe, akzeptiere ich mich voll und ganz!« Erleben Sie dadurch, wie Ihre Kraft, die bisher in der Situation gefangen war, wieder zu Ihnen zurückkehrt.

Das tue ich heute!

20. April

Falls Sie sich gerade durch eine überholte Beziehung schleppen, zeigt dies, dass nicht nur Ihre äußere Beziehung, sondern auch die Beziehung zu Ihnen selbst einer Erneuerung bedarf.

Heute recycle ich eine äußere Beziehung, indem ich meine Glaubenssätze und Überzeugungen über meine Beziehung und meinen Partner/besten Freund überprüfe. Zugleich öffne ich mich für neue Wege, mich zu nähren und an mich selbst zu erinnern.

21. April

Durch Aneinander-Klammern saugen viele Paare einander aus und wundern sich später, dass ihre Beziehung nicht mehr so vital ist wie früher.
Lassen Sie deshalb stets die Winde des Himmels zwischen Ihnen und Ihrem Partner/besten Freund wehen.

Heute erinnere ich mich und den anderen an die Freiheit, sich selbst zu leben.
So kann jeder nach eigenem Ermessen prüfen, welcher Grad an Verbindlichkeit ihm stimmig erscheint. Und das Vertrauen bleibt gewahrt.

22. April

Ein Maßstab für eine eventuelle Trennung zwischen Menschen ist das noch ungenutzte Potenzial: Ist noch vitales Potenzial in Ihrer Beziehung oder drehen Sie sich nur noch in Wiederholungsschlaufen?

Heute sehe ich das vitale Potenzial in meiner Beziehung und spreche es gezielt an.

23. April

Symbiotische Beziehungen, also Beziehungen, in denen man sich zwanghaft wie siamesische Zwillinge verhält, führen zu Degeneration. Jeder Partner unterdrückt sich selbst zugunsten einer Schein-Harmonie. »Baumwürger« sind nicht erstrebenswert. Seien Sie ehrlich, echt und authentisch.

Heute spüre ich einmal ganz bewusst in meinen Bauch hinein und nehme wahr, wie es meinem Bauch in meiner Beziehung geht. Ich frage meinen Bauch, wie meine Beziehung gestaltet sein müsste, damit ich mich in ihr optimal wohlfühle.

24. April

Für den Liebenden ist es ein schönes Gefühl zu wissen,
dass seine Beziehung Pausen und Veränderungen verträgt.
Dies stärkt das Urvertrauen und der Betreffende
gewinnt dadurch an Zuverlässigkeit gegenüber
sich selber, seinem Partner und der Umwelt.

Heute prüfe ich, ob es einen Freiraum gibt, den ich mir in meiner Beziehung geben sollte – ein paar Minuten, Stunden oder auch Tage, jetzt oder irgendwann. Ich gönne mir diesen.

25. April

Hat man sich innerhalb einer Beziehung bereits mehrmals undramatisch Freiraum gegeben und wieder vereint, bewegt man sich natürlicher und ungestelzter miteinander. Angebote für Trennungen auf Zeit sollten also erwogen werden – möglichst sogar spielerisch. Trennung und Wiederannäherung zeigen dann in ihrem Rhythmus an, dass immer wieder etwas Neues in die gemeinsame Beziehung hineinwachsen möchte, eine positive Mutation.

Falls ich heute eine »Trennung auf Zeit« erwäge, frage ich mich nicht nur wann, sondern auch in welchem Lebensbereich ich beim Zurückkommen positive Veränderungen wünsche.

26. April

Zum Loslassen gehört auch die Abgrenzung gegen destruktive Impulse des anderen. Sagen Sie innerlich »Nein« zu der Unstimmigkeit, aber nicht zu dem Partner selber. So kann die Eigen-Abgrenzung in der Trennungsaggression auch dem Fortbestand der Beziehung dienen und durchaus im Sinne der gemeinsamen Beziehung eingesetzt werden.
Dieses »Nein« kann erst einmal innerlich gesagt werden – dadurch können beide das Gesicht wahren und das Ego wird nicht aufgebläht.
Angemessener Rückzug, zur richtigen Zeit, ist nicht als »Strafe« für den anderen gedacht, sondern als Hilfe, um das gemeinsame Gute wieder in Erinnerung kommen zu lassen.

Heute sage ich »Ja« zu der Stimmigkeit meiner Beziehung und innerlich »Nein« zu destruktiven Impulsen.

27. April

Beziehungen, in denen beide regen Anteil aneinander nehmen, aber darauf verzichten, einander durch ein »Du solltest« einzuengen, blühen wie ein Baum, der genug Raum zur Entfaltung hat.

Heute enthalte ich mich bewusst determinierender Formulierungen wie »du solltest«, »du musst«, »man erwartet von dir, dass …« bei mir und bei anderen – auch in Gedanken.

28. April

Loslassen in Beziehungen ist alles andere als Gleichgültigkeit. Gerade in der Losgelöstheit kann die Intensität und das »Sich-aufeinander-Einlassen« wachsen.

Heute begegne ich anderen losgelöst von meinen Erwartungen.

29. April

Oftmals haben wir Angst, unsere Bedürfnisse nach einem vorübergehenden »Alleine-Sein« zu formulieren, weil wir befürchten, der andere könnte eingeschnappt sein, uns mit Liebesentzug maßregeln oder unangenehme Emotionen/Gedanken äußern. Doch wir sollten, unabhängig von der Reaktion des Partners/besten Freundes, kleine Trennungsbedürfnisse, wenn sie einmal auftreten, ehren und Trennungsaggressionen liebevoll wahrnehmen. Trennungsaggression zu spüren bedeutet nicht, dass man sich trennen muss. Sie fordern dazu auf, vorübergehend Abstand zu gewinnen – zum Segen beider.

Heute spüre ich einmal ganz bewusst hin, was ich einmal alleine tun sollte – und tue es.

30. April

»Glaubt nicht, ihr könnt den Lauf der Liebe lenken. Die Liebe, wenn sie euch für würdig hält, lenkt euren Lauf!« (Khalil Gibran: »Der Prophet«)

Heute lasse ich mich ganz bewusst in meiner Beziehung von der Liebe führen!

Mai

Frei von Stress und belastenden Emotionen

1. Mai

Sich zwanghaft um jemand anderen Sorgen zu machen, ist kein Zeichen von Liebe, sondern von mangelndem Urvertrauen. Man kann in dem Fall nicht glauben, dass der andere im Universum geborgen ist, und man traut ihm das Gute, das man eigentlich in ihm sehen möchte, nicht zu. Das Sorgenmachen ist etwas, was nur mit einem selbst zu tun hat und dem anderen eher abträglich ist.

Statt mir um jemand anderen Sorgen zu machen, sehe ich heute das Potenzial in ihm. Ich spreche in ihm mein Urvertrauen an. Ich lasse heute meine sorgenvolle Einstellung los.

2. Mai

Wie die Umgangsprache mit den Worten »ich ärgere mich« bezeugt, ist es immer der Betreffende selbst, der sich ärgert oder sorgt, nicht der Umstand. Er ist der Einzige, der es auch lassen kann.
Erkennen und wandeln Sie eine ärgerliche Einstellung bereits im Vorfeld, statt sich und andere mit dem Sich-Ärgern zu belasten.

Heute prüfe ich, ob es eine Erwartung, Einstellung oder Überzeugung gibt, die mir Ärger bereitet und lasse diese los.
Wenn jemand anderes sich über mich ärgert, frage ich ihn, warum er dies nicht gelassen hat – zumindest gedanklich – und wende mich ihm dann mitfühlend zu.

3. Mai

Wussten Sie, dass Dickdarmkrebs die zweithäufigste Krebskrankheit ist? Psychosomatisch hängt Dickdarmkrebs mit Verstopfung, also mit »Nicht-loslassen-können«, zusammen. Man sollte also das, was einmal vitale Nahrung war, körperlich und geistig loslassen.

Heute mache ich mir bewusst, was in meinem Leben überholt ist und lasse es los.

4. Mai

Hass ist wie ätzende Säure und kann sich deshalb tief in die menschliche Psyche hineinfressen. Es gibt Völkerhass, Rassenhass, Sippenhass, Hass gegen einen einzelnen Menschen, ja sogar Hass gegen sich selbst.
Oft steckt hinter dem Hass ein nicht gehörtes Bedürfnis. Wenn Sie tief danach graben, werden Sie es entdecken, sich eingestehen und sich vom Übel des Hasses befreien können, indem Sie sich oder andere um das bitten, was Sie brauchen – statt zu hassen.

Ich wandle heute jede Form von Hass um, indem ich die dahinterstehenden Bedürfnisse erkenne und für diese liebevoll sorge.

5. Mai

Manchmal fällt es schwer, den Sprung weg vom Hass und hin zum Bedürfnis zu vollziehen. In dem Fall ist es notwendig, dem ursprünglichen Schmerz auf die Spur zu kommen und die Verantwortung dafür zu übernehmen. Statt »Ich hasse diesen Menschen, weil er dieses oder jenes getan hat« zu sagen, können wir dann erkennen: »Ich hasse, weil ich selbst mit diesem oder jenem nicht zurechtkomme.« Indem Sie den Teil in Ihnen, dem etwas Schmerzhaftes geschehen ist, umarmen, löst sich der Hass. Das darunterliegende positive Bedürfnis wird dann sichtbar.

Heute frage ich, ob es eine Situation in meinem Leben gegeben hat, die Hass oder Selbsthass in mir ausgelöst hat. Falls ja, umarme ich den Teil in mir, der das erlebt hat, voller Mitgefühl so lange, bis ich wieder die »Energie der Unschuld« spüre, wenn ich daran denke. Ich spreche innerlich immer wieder die magischen Worte: »Es tut mir leid« und »Ich liebe dich«.

6. Mai

Wir wissen heute, dass Distress nicht nur die Psyche belastet, sondern auch den Körper seiner Vitamine und Nährstoffe beraubt. Beugen Sie dem vor, indem Sie ausreichend Vitamine und gesunde Lebensmittel zu sich nehmen. Ihre Nerven stärken Sie durch Vitamin B, welches zum Beispiel in reinem Lezithin in hohem Maße enthalten ist.

Heute achte ich auf eine stressfreie Ernährung und genieße meine höhere Entspannung, Vitalität und Leistungsfähigkeit.

7. Mai

»In der einen Hälfte des Lebens opfern wir die Gesundheit, um Geld zu erwerben, in der anderen opfern wir Geld, um die Gesundheit wiederzuerlangen. Und während dieser Zeit gehen Gesundheit und Leben von dannen.«
(Voltaire)

Bei allem Wunsch nach Erfolg, den wir haben, dürfen wir unsere Gesundheit nicht vergessen.

Heute lasse ich den inneren Stress los und achte darauf, immer wieder in die innere Mitte zu kommen.

8. Mai

Entspannung ist die Voraussetzung für die Kontaktaufnahme mit dem eigenen wahren Wesenskern.

Heute nehme ich mir fünfzehn Minuten Zeit, um mich vollkommen zu entspannen, den Atem zu beobachten und bei mir selbst zu landen und zu tanken.

9. Mai

»Keine Emotion beraubt den Geist so vollständig von seinen Möglichkeiten zu handeln und zu denken wie die Angst.«
(Edmund Burke)

Heute frage ich mich, wovor ich eigentlich noch Angst habe, und lasse diese Angst los.

10. Mai

Fehler zu machen, nimmt Ihnen nichts von der Vollkommenheit Ihres wahren Selbst. Wenn Sie heute einen »Fehler« entdecken, ergänzen Sie in Gedanken das, was bisher »gefehlt« hat. Erleben Sie in Gedanken bildhaft, wie Sie die Sache dann besser machen.

Heute sage ich mir : »Obwohl ich diesen oder jenen Fehler begangen habe, akzeptiere ich mich voll und ganz!«

11. Mai

Die meisten Menschen sind emotional in der Vergangenheit gefangen und verpassen deshalb die Schönheit des Augenblicks, das Zwitschern der Vögel, die Sonnenstrahlen auf der Haut ...

Heute nehme ich ganz bewusst die Schönheit der Gegenwart wahr.

12. Mai

Dort, wo eine Emotion unterdrückt wird, schnappen
wir ein. So sagt der Volksmund auch:
»Mit dem kann man nicht reden, der ist eingeschnappt.«
Emotionen können einschnappen –
bis wir sie losgelassen haben.
Eine Möglichkeit, eingeschnappte Emotionen loszulassen,
liegt darin, eine schöne Erfahrung zu genießen.

Heute genieße ich einmal ganz bewusst!

13. Mai

Schuldprojektionen sind Giftpfeile und
sollten nicht angenommen werden.
Beispiel: Jemand anderes behauptet: »Weil du
das getan hast, leide ich!«
Unabhängig davon, ob Sie sich korrekt verhalten
haben oder nicht, liegt es am anderen, wie sehr er
darunter leidet – und ob er dies überhaupt muss.

Heute befreie ich mich von der Idee, ich sei dafür verantwortlich, in welchem Ausmaß jemand anderes unter meinem Verhalten leidet.
Stattdessen habe ich Mitgefühl. Sollte jemand glauben, unter meinem Verhalten zu leiden oder gelitten zu haben, wende ich mich ihm innerlich voller Liebe zu. Ich kann das, was war, ehrlich bedauern. Ich fühle mich dennoch innerlich frei von der Projektion der moralischen Schuld. In Wahrheit gibt es nur das Selbst.

14. Mai

»Das höchste Glück des Menschen
ist die Befreiung von der Furcht.«
(Walther Rathenau)

Jeder Angst liegt ein Bedürfnis zugrunde,
beispielsweise ein Bedürfnis nach Sicherheit.
Indem wir dieses Bedürfnis respektieren,
finden wir einen Weg, für uns da zu sein.

Falls heute ein Angstimpuls aufsteigt, höre ich ganz bewusst, was die Angst mir günstigstenfalls zu sagen hat und setze ihre Botschaft konstruktiv um. Dadurch lässt die Angst automatisch los.

15. Mai

Jedes Trauma birgt in sich eine Unmenge an positiver Energie, die frei wird, sobald Sie diesem auf die Spur kommen.

Heute prüfe ich, ob es in meinem Leben ein traumatisierendes Erlebnis gegeben hat.
Falls ja, erinnere ich mich kurz daran, bewege die geschlossenen Augen etwa zwanzigmal schnell von rechts nach links, bis ich ein tiefes Aufatmen spüre – und lasse mit dem Aufatmen los.
Die Augenbewegungen kann ich auch machen, wann immer ich mich im Alltag gestresst fühle; sie helfen, mich zu »entstressen«.

16. Mai

Wenn Sie Schuldgefühle spüren, fragen Sie, warum Sie an diesen überhaupt noch festhalten. Oft liegt der Grund für das Festhalten darin, dass Sie nicht bereit sind, in eine »Verzeihensenergie« zu gehen.

Indem ich heute mir und anderen verzeihe, übergebe ich die Angelegenheit in die Hände einer höheren Macht.

17. Mai

Oftmals sind Schuldgefühle fehlgeleitete Versuche, an etwas festzuhalten, was nicht mehr ist. Sie blockieren dadurch die Zukunft und den Frieden im »Hier und Jetzt«.

Heute notiere ich auf einem Blatt: In welcher Sache habe ich noch Schuldgefühle?
Wenn es eine tatsächliche Schuld gibt, begleiche ich sie. Aber ich bin frei von dem Gedanken, dass die Dinge anders sein müssen als sie sind.
Ich denke an die Sache und bejahe: »Obwohl diese Sache geschehen ist, erinnere ich mich daran, dass mein wahres Wesen frei von moralischer Schuld ist!«
Wenn ich mag, bereue ich oder sage, dass es mir leidtut. Aber ich erinnere mich daran, dass mein wahres Wesen frei von moralischer Schuld ist. Heute öffne ich mein Herz und akzeptiere, wie die Dinge geschehen sind und wo ich jetzt stehe.

18. Mai

Hinter jedem Gefühl ist eine positive Botschaft verborgen, sogar hinter »Schuldgefühlen«. Fragen Sie eventuell auftauchende Schuldgefühle einmal: »Was wollt ihr mir wirklich sagen?« Steckt hinter Schuldgefühlen ein Bedauern von einem Verlust, so ist dieser anzunehmen und loszulassen. Dies bedeutet: Dankbar zu sein für das Gute, das man vor dem Ereignis erleben durfte. Akzeptieren, dass die Situation heute anders ist.

Statt an der Idee von Schuld festzuhalten, spüre ich heute Dankbarkeit für die Chancen dieses Augenblicks.

19. Mai

Manche Menschen erzeugen künstlich Dramen, damit sie spüren, dass sie lebendig sind. Dieser Vorgang ist unbewusst. Man nennt solche Leute »Dramaqueen« oder auch »Dramaking«.

Heute erinnere ich mich an eine Situation, die ich als dramatisch empfunden habe und erkenne, dass ich selbst es war, der zu diesem Drama beigetragen hat. Ich erkenne auch, wie ich dramatisiert habe und lasse meine Neigung zum Dramatisieren los. Dies bedeutet nicht, dass ich überall beschwichtigen muss – es bedeutet lediglich, dass ich bereit bin, die Sachen so anzuschauen, wie sie sind. Weder beschwichtige ich dabei, noch dramatisiere ich.

20. Mai

Zur emotionalen Freiheit gehört auch Freude.

Indem ich heute das, was ich ohnehin tun muss, bewusst und mit Freude tue, erfahre ich Erfüllung bei meinen täglichen Aufgaben.

21. Mai

Musikhören ist eine ausgezeichnete Hilfe zum Loslassen von Stress und Alltagsproblemen.

Heute höre ich ausgewählte Musik, achte darauf, jeden Ton einzeln zu hören, ganz in die Musik einzutauchen. Beim Musikhören erfahre ich ein tiefes Loslassen und öffne mich ganz dem »Hier und Jetzt«.

22. Mai

Verlassenheit fühle ich nur dann, wenn ich mich selbst verlassen habe.

Indem ich heute die Nähe zu mir selber spüre und mich selbst gedanklich umarme, erlebe ich die Verbundenheit mit der ganzen Schöpfung, die Liebe des Kosmos, durch die alles zu mir spricht.

23. Mai

Wann immer Sie sich von jemand anderem unterdrückt fühlen, fragen Sie sich am besten, was in Ihnen Sie selbst unterdrücken.

Indem ich heute dem Teil in mir, den ich bisher vernachlässigt habe, in meinem Leben Raum gebe, verschwindet jede Unterdrückung im Außen.

24. Mai

Wann immer Sie sich überlastet fühlen, sollten Sie erst einmal alles liegen lassen und die Prioritäten ordnen. Dann erledigen Sie die wichtigste und dringlichste Sache zuerst und dann eine nach der anderen.

Indem ich heute meine Aktivitäten in zeitdichten Freiräumen abwickle, die ich erst dann wieder öffne, wenn ich frei für Neues bin, verschwindet jedes Empfinden von Überlastung.
Heute bleibe ich in meiner inneren Mitte, privat und während der Arbeit.

25. Mai

Müdigkeit ist ein Zeichen dafür, dass Sie sich entspannen sollten.

Statt einen Kaffee zu trinken, wenn ich müde bin, mache ich heute ein kurzes Nickerchen von 5 bis 10 Minuten, vielleicht eine kurze Fantasiereise an einen Lieblingsort meiner Wahl.
Wenn ich mag, stelle ich dafür einen Minutenwecker oder lege eine Lieblingsmusik von fünf Minuten Dauer auf.

26. Mai

Jede Enttäuschung sagt Ihnen, dass Sie von einer Täuschung befreit werden.

Heute prüfe ich, ob ich von irgendetwas enttäuscht bin.
Ich fühle noch einmal die Enttäuschung und gestehe mir sowohl sie als auch das unerfüllte Bedürfnis, das damit zusammenhängt, ein.
Und dann lasse ich die falsche Annahme, die Täuschung los. Ich akzeptiere dadurch die Realität, so wie sie ist. Ich nehme ganz realistisch wahr, was ich fühle und was ich brauche.
Ich sorge für mich, gebe mir, was ich brauche. Und ich danke der Enttäuschung dafür, dass sie mich darauf hingewiesen hat, was ich fühle und was ich brauche.

27. Mai

Bitterkeit ist immer ein Zeichen von fehlender Anerkennung.

Heute prüfe ich, ob es irgendetwas in meinem Leben gibt, das ich als bitter empfinde. Ich prüfe, ob mir in der Sache Anerkennung versagt wurde.
Ich gebe heute mir selbst diese Anerkennung und ehre den Teil in mir, der diese Anerkennung verdient.

28. Mai

Wann immer Sie sich deprimiert fühlen, steckt dahinter etwas, das sich nicht durch Sie ausdrücken kann.

Heute finde ich heraus, was es ist. Ich finde Wege und Möglichkeiten, in mir liegendes Potenzial auszudrücken. Ich beginne mit meiner Fantasie und lasse mich von ihr leiten.

29. Mai

Pessimismus ist eine Ausdrucksform des Egos, das lieber recht haben möchte, als sich dem Leben hinzugeben.

Statt negativ zu denken, übe ich mich heute im Nichtdenken, der Stille.
Ich halte die Räder des Denkens an und spüre hin, was das Leben mir günstigstenfalls zeigen möchte. Ich horche in mich hinein und frage meine innere Stimme: »Habe ich richtig verstanden?«

30. Mai

Die Existenz ist Ihr perfekter Geliebter. Sie verlässt Sie niemals, solange Sie leben.
Warum also nicht einfach sich vom Leben lieben lassen? Wenn es schon keinen Ausweg gibt aus dem »Was ist«: warum sollten wir nicht alles, was uns begegnet, vorbehaltlos genießen?

Ich erlebe das Wunder der Existenz vorbehaltlos – jetzt.

31. Mai

Abenteuerlust ist ein schönes Gefühl.
Es hat nichts mit Waghalsigkeit und Leichtsinn zu tun.
Es bedeutet schlicht und einfach, das Leben
ständig mit neuen Augen zu sehen.

Heute öffne ich mich für das »Abenteuer Leben«.

Juni

Freiheit

1. Juni

Was wir festhalten, hält uns auch fest.

Heute frage ich mich: »Woran halte ich fest?«
Und: »Was verhindere ich durch mein Festhalten?«

2. Juni

Wir glauben fälschlicherweise, dass jemand, der bewertet, Bescheid wisse und realistisch sei. Tatsache ist, dass Bewertungen uns und andere in Illusionen verstricken. Denn durch Bewertungen setzen wir Filter vor die Wirklichkeit und verhindern die Freiheit, das Sein vorbehaltlos zu erleben.

Heute mache ich mir bewusst, wen oder was ich bewerte, und lasse mein Urteil los.

3. Juni

»Die Liebe ist ein Kind der Freiheit!«
(Prof. Lukas Moeller)
Sobald Sie in der wahren Liebe leben, sind Sie befreit von Eifersucht und auch frei von Besitzansprüchen anderer.

Heute frage ich mich: »In welchem Bereich möchte ich noch ein wenig freier werden?«

4. Juni

Auch an »guten« Energien sollten Sie nicht kleben.
Dies bedeutet nicht, dass Sie sich nicht gesund
ernähren sollten.
Doch Sie sollten nicht durch Lob und
Zuwendung erpressbar sein.

Heute prüfe ich, ob ich derzeit in irgendeinem Bereich erpressbar bin und lasse die Abhängigkeit, die dahinter steht, los.

5. Juni

Bei vielen Menschen ist das emotionale System aufgrund von Blockaden gestört, sodass die Emotionen nicht frei durch sie hindurchfließen können. Um Störungen aufzulösen, ist es wichtig zu erkennen, dass diese Blockaden nicht zu unserer eigentlichen Natur gehören.

Heute prüfe ich, ob es Blockaden in meinem Körper, meiner Seele oder meinem Geist gibt. Ich spüre liebevoll und einfühlsam dort hinein. Wenn dabei Emotionen/Empfindungen aufsteigen, erlaube ich diesen, sich zu zeigen, sodass die Blockaden sich lösen. Ich erlaube meinen Energien, auch in den Bereichen frei zu fließen.

6. Juni

Energien sind weder gut noch böse. Sie sind einfach da.

Ich spüre heute immer wieder meinen Energiezustand und die Energien um mich herum – ohne diese zu bewerten. Ich erwirke dadurch Losgelöstheit.

7. Juni

Fragwürdig ist Manipulation insbesondere, wenn sie mit Angst und Bedrohung gekoppelt wird. Statt aus egoistischen Beweggründen zu manipulieren, sollten Sie, wenn überhaupt, im Dienste der Freiheit manipulieren, zum Beispiel, indem Sie eine Atmosphäre erlauben, in der Sie und Ihre Mitmenschen die individuelle innere Wahrheit spüren und ausdrücken können.

Heute achte ich darauf, ob ich meine Mitmenschen manipuliere und falls ja, in welche Richtung.

8. Juni

Wie können wir Süchte loslassen? Indem wir in dem Menschen oder in dem Stoff, bei dem wir uns als anhaftend oder abhängig erleben, eine von vielen Ausdrucksformen der »Einen Kraft« sehen, offenbart sich uns, dass diese Kraft uns auch auf andere Weise speisen kann. Wir bitten um neue Wege, uns zu geben, was wir brauchen.

Heute prüfe ich, ob es etwas gibt, nach dem ich süchtig bin und lasse diese Abhängigkeit los.
Ich erlaube der »Einen Kraft«, mich mit dem zu nähren, was ich brauche, zum Beispiel mit Kraft, Freude, Liebe.

9. Juni

Wenn wir die Erfüllung unserer Bedürfnisse von einer ganz bestimmten Person und in einer ganz bestimmten Form erhoffen, begeben wir uns in Einzelabhängigkeit.

Heute frage ich mich, wie es wäre, wenn ich das, was mir momentan als Vehikel meiner Bedürfniserfüllung erscheint, nicht mehr hätte. Indem ich mir ein Leben ohne jenes Vehikel vorstelle und mich darin auch wohlfühle, bin ich frei von dieser Einzelabhängigkeit. Ich bin offen für neue Wege der Erfüllung.

10. Juni

Nicht umsonst nennt der Heroinsüchtige die Tätigkeit seines Drogenkonsums »fixen«. Wenn wir »fixen«, egal wo unsere »Fixierung« liegt, begeben wir uns in einen Käfig.

Heute prüfe ich, ob es irgendetwas gibt, auf das ich mich fixiert habe, beruflich, privat. Ich lasse diese Fixierung bewusst los, indem ich mein Unterbewusstsein bitte, mir statt der Fixierung etwas anderes zu geben, das den gleichen positiven Zweck erfüllt. Ich erkenne die Antwort – und verlagere die Aufmerksamkeit. Beispiel: »Die leckere Zigarette« wird zu »diese wunderbare Luft, wie sie in meine freien Lungen strömt«; »die gemütliche Langschläferei« wird zu »das leckere Morgenfrühstück«.

11. Juni

Manchmal gibt es »positive« Bedürfnisse, deren Erfüllung man an ganz bestimmte Personen oder Umstände koppelt und sich dadurch abhängig macht.
Wovon sind Sie diesbezüglich abhängig? Davon, dass Sie jemand lobt? Von Zuwendung, Güte, Harmonie?

Heute finde ich heraus, was ich brauche. Ich beginne spätestens heute damit, genau dieses mir selber zu geben, es selber in meinem Leben auszudrücken. Ich erkenne, dass diese Qualitäten nicht von etwas oder jemandem ganz Bestimmten abhängen.

12. Juni

Statt uns in Bewertungen darüber zu ergehen, was »man tut«, sollten wir unsere Entscheidungen einem inneren Maßstab unterziehen.

Heute lasse ich Moralismen los und prüfe, welche Werte mir wirklich wichtig und daher richtungsweisend sind (wie zum Beispiel Liebe, Freiheit usw.).

13. Juni

Als Buddha sagte, die Welt bestünde aus Leiden, dann meinte. er damit nicht, dass die Dinge an sich leiden, sondern dass unser Festhalten an den Dingen Leiden nach sich zieht.

Heute prüfe ich, ob es irgendetwas gibt, unter dem ich leide. Falls ja, finde ich heraus, an welcher leidbringenden Sache, Überzeugung oder Einstellung ich noch festhalte und lasse diese los.

14. Juni

Eine Beziehung muss »atmen« können, um zu leben. Sie muss dem frischen Wind der Freiheit erlauben, Einzug zu halten.

Heute achte ich darauf, mir und anderen immer wieder den Raum zu geben, sich auf das größere Ganze zu beziehen. So hat jeder die Möglichkeit, sich zu neutralisieren und seine eigene Mitte zu überprüfen.

15. Juni

Woran mag es liegen, wenn Menschen in einer Beziehung »klammern«? Immer steckt die Angst dahinter, den anderen zu verlieren, oder auch, dass der andere sich nicht so verhält oder entwickelt, wie man es gerne hätte. Doch gerade im »Einander-Raum-Lassen« liegt ein Reiz verborgen. Wir können den anderen nur dann täglich neu entdecken, wenn wir ihm erlauben, sich zu bewegen und sich zu entfalten, wie er möchte.

Heute gebe ich mir und meinem Partner/besten Freund bewusst den Raum zu entdecken, was für ihn stimmt.

16. Juni

Oskar Wilde sagte einmal: »Tut mir leid, dass ich Sie nicht erkannt habe, aber ich habe mich sehr verändert.«
Nicht nur Sie selbst, sondern auch die anderen sollten sich in Ihrer Nähe verändern dürfen.
Zu den anderen gehören natürlich nicht nur der Partner, sondern beispielsweise auch die eigenen Kinder, die eigenen Eltern, frühere Lehrer, Respektspersonen, Vorbilder. Sie alle dürfen so sein, wie sie sind, und sich wandeln, so wie es ihnen entspricht. Und auch Ihre Beziehung zu ihnen darf sich wandeln.

Vielleicht mag ich heute einmal meine Beziehungen mit neuen Augen sehen?

17. Juni

Zur inneren Freiheit gehört auch die fortwährende liebevolle Kenntnisnahme und Formulierung unserer eigenen Bedürfnisse und Abgrenzungen. Sie sind das »tägliche Zähneputzen«, das in vielen Fällen den Zahnarzt – den großen Krach mit dem anderen – erspart.

Ich tue dieses heute ganz bewusst.

18. Juni

Freiheit in Beziehungen zu leben bedeutet, intim und doch zugleich losgelöst miteinander umzugehen. Je mehr wir versuchen, an jemandem festzuhalten, umso mehr wird der Geklammerte sich befreien oder sich in eine innere Burg zurückziehen. Wir sehen dies beim Händeschütteln: Wenn jemand unsere Hände verkrampft hält und nicht mehr loslässt, sind wir versucht, uns seinem Griff zu entwinden. Als Vorbild dient dagegen eine geöffnete Hand, auf die sich gerne ein Vogel setzt. Sobald wir nach ihm greifen, fliegt er davon.

Heute öffne ich meine Hände für meine Beziehung(en) – ohne zu greifen.

19. Juni

Zur inneren Freiheit gehört auch die Bereitschaft, unterschiedliche Standpunkte in wesentlichen Lebensbereichen wie Religion, Werte, Lebensgestaltung zu erlauben. Auch zu bekennen: »Da bin ich anderer Meinung!«, und den anderen trotz Meinungsverschiedenheiten zu lieben, ist ein inneres Loslassen, ohne Heuchelei.

Heute prüfe ich einmal, ob ich einer Meinungsverschiedenheit losgelöst begegnen kann. Ich stelle mir in der Imagination vor, wie ich in einem Kreis von Menschen andersartige Standpunkte erlaube, ja sogar mit ihnen darüber spreche – bei gleichzeitiger Wahrung meiner inneren Mitte und Gelassenheit.

20. Juni

Die Lösung aus einem Beziehungs-Konflikt ergibt sich nicht durch vorschnelle Meinungen oder Lösungsvorschläge, sondern indem jedem Beteiligten der Raum gegeben wird, tief bei sich selber nachzugraben und seinen eigenen Bedürfnissen auf die Spur zu kommen. Die Lösung taucht dann auf, unerwartet, plötzlich, als Geschenk aus einer anderen Ebene.

Heute gebe ich mir und anderen den Raum, den eigenen Bedürfnissen nachzuspüren. Was fühle ich und was brauche ich gerade?

21. Juni

Sobald Sie einem Menschen das Geschenk des einfühlsamen Zuhörens geben oder es von jemand anderem erhalten, werden Sie eines erfahren: tiefes Loslassen! Beide fühlen sich in der Tiefe akzeptiert, befreit und in Kontakt mit Wurzeln, von denen sie gar nicht wussten, dass sie sie haben.

Heute höre ich meinen Mitmenschen bewusst und einfühlsam zu.

22. Juni

Für das Zusammenleben gilt:
Wenn etwas zusammengehört, kann der Mensch es nicht trennen: wenn etwas nicht zusammengehört, kann der Mensch es nicht halten! Dieses Wissen kann Ihnen eine innere Freiheit geben, eine Ausrichtung in Stimmigkeit gegenüber dem Kosmos – frei von »Einzelhaft«.

Ich führe heute meine Beziehung(en) so bewusst, losgelöst, liebevoll und stimmig wie möglich.

23. Juni

»Eine Beziehung zu leben, heißt immer auch ihr Ende zu bedenken: Der Gedanke an eine mögliche Trennung macht uns konstruktiver, gibt uns die Freiheit wieder.«
(Matthias Jung)

Heute prüfe ich ganz bewusst, welche Haltung meine Beziehungen jetzt von mir erfordern. Immer geht es darum, wer ich bin.

24. Juni

Eine Eiche käme nie auf die Idee, der Tanne zu sagen, sie sollte Eichenlaub produzieren. Doch wir Menschen tun dies. Dabei stülpen wir dem anderen unsere eigenen Neurosen über.

Heute gebe ich ganz bewusst dem anderen Anerkennung dafür, wie er ist, und ehre ihn für das, was er kann – oder auch nicht kann. Ich nehme sein »So-Sein« an – und mein eigenes gleich mit dazu.

25. Juni

Wer seinen eigenen Seelenmüll nicht entsorgt hat, ist so mit sich selbst belastet, dass er nicht in der Lage ist, Anteil zu nehmen an dem, was den Nächsten bewegt, und es auch nicht verarbeiten kann. Das Herzensanliegen, das ein anderer ihm mitteilen möchte, klickt so stark eigene Themen, Erlebnisse, Traumata an, dass er den anderen abwehren muss. Wirkliche Nähe aber entsteht erst, wenn man alles miteinander teilen kann.

Wann immer ich heute spüre, dass ich Widerstand hege gegen das, was mir jemand mitteilen möchte, mache ich mir bewusst, dass etwas bei mir zu entsorgen ist. Fast immer steckt ein Urteil dahinter.

26. Juni

Ihr Unterbewusstsein befolgt Anweisungen wortgetreu von dem, den Sie als Autorität akzeptieren.

Heute bitte ich mein Unterbewusstsein, mir zu zeigen, ob es eine unterschwellige Autorität in meinem Leben gibt (Eltern, Lehrer, Partner, Idol, Vorbild, Jugendliebe …) und entlasse diese Autorität aus meinem Leben.

Ich sage oder denke dabei die folgenden Worte: »Ich entlasse dich daraus, Autorität in meinem Leben zu sein!« Ich verharre in diesem Bewusstsein, bis ich spüre, dass ich von dieser fremden Autorität erlöst bin.

27. Juni

Es gibt drei Arten von Freiheit:
»Freiheit von« lautet die Freiheit des Abhängigen,
»Freiheit für« die Freiheit des Optimisten. Doch
»Freiheit – ohne Attribut« erleben Sie erst,
wenn Sie sich von Ihrem kleinen »Ich« und all den
Egoismen, die damit verbunden sind, gelöst haben.

Heute entdecke ich den Teil in mir, der seit Anbeginn der Zeit frei war und immer frei sein wird. Ich identifiziere mich mit ihm.

28. Juni

»Freiheit und Glück bestehen im Loslassen,
nicht im Sammeln und Bewahren.«
(Wolfgang Joop)

Heute gehe ich in meine innere Mitte, höre in mich hinein und frage mich, was ich heute loslassen kann, um frei zu sein für Neues – und lasse dieses los.

29. Juni

Michel Quoist sagte einmal: »Die Liebe schenkt immer das Leben, der Egoismus bringt immer den Tod.« Wie schön ist es, jemandem zu begegnen, der über einen weiten inneren Raum verfügt, dessen Geist nicht mit eckigem, kantigem oder manchmal gar stacheligem Sperrmüll vollgestellt ist und durch dessen Psyche die Sterne tanzen, weil er einfach nur liebt. Mit so jemandem zu sein, kann wahrlich entlasten.

Und ich selbst bin so ein Mensch – heute.

30. Juni

»Die Leere braucht keine Stützen, die höchste Geste ruht auf Nichts, ohne jede Anstrengung, einfach nur, indem du gelöst und natürlich bleibst, kannst du das Joch zerbrechen – und Befreiung erlangen.«
(Naropa)

Heute bleibe ich gelöst und natürlich in jeder Lebenslage.

Juli

Die Grenzen des
Verstandes übersteigen

1. Juli

Der Verstand kann sich nur innerhalb dessen bewegen, was er schon kennt.

Um die Möglichkeiten jenseits des Gekannten zu erkunden, halte ich inne, spüre in mich hinein. Ich bin offen für das Unbekannte. Jetzt!

2. Juli

Der Verstand gibt uns für jede Lebenssituation Bewertungen. Diese beruhen auf Erfahrungen und Konditionierungen. Bewertungen sind Filter, die wir vor die Wirklichkeit stellen. Das, was wir Realität nennen, ist nicht so starr, wie wir denken. Realität ist bereit, sich zu wandeln in dem Maße, wie wir bereit sind, unsere Bewertungen zu verändern.

Heute prüfe ich, ob es eine belastende Bewertung in mir gibt. Falls ja, stelle ich sie infrage.
Beispiele: »Das Leben ist hart«, »mein Partner ist dominant«, »mein Beruf ist unbefriedigend«. – Kann ich wirklich wissen, dass dies die objektive Wahrheit ist?

3. Juli

Wir geben dem Leben Bedeutungen, die es nicht hat. Dadurch begrenzen wir uns.
Beispiele: »Wenn ich mit meinem Freund verschiedener Meinung bin, bedeutet dies, dass die Beziehung gefährdet ist!« , »Wenn ich meinen Job verliere, bedeutet dies, dass ich arbeitslos werde!«, »Wenn ich mir ein paar freie Tage gönne, bedeutet dies, dass ich ein Taugenichts bin!«

Heute lasse ich in einer für mich wichtigen Sache die aufgesetzte Bedeutung los. Ich formuliere meinen Satz neu.
Beispiel: »Wenn ich mit meinem Partner verschiedener Meinung bin, bedeutet dies, dass wir verschiedener Meinung sind« – nicht mehr und nicht weniger!

4. Juli

Jeder Mensch läuft mit ganz bestimmten Lebenshaltungen durch sein Leben. Haltungen von Anklage, Disharmonie usw. führen selten zu guten Ergebnissen.

Heute überprüfe ich meine Lebenshaltungen bezüglich meines Berufs, meiner Beziehungen, meiner Gesundheit. – Stimmen diese? Falls nein, lasse ich sie los und ersetze sie durch brauchbarere.

5. Juli

»Mit jeder unangenehmen Erfahrung, die Sie sich aufgrund eines negativen Glaubenssatzes antun, dokumentieren Sie Selbstablehnung, Lebensverweigerung. Mit jeder positiven Erfahrung, die Sie sich durch einen positiven Glaubenssatz gönnen, beweisen Sie Ihre Liebe zu sich selbst, zu dem Gott in Ihnen!«
(Christa Kössner)

Glaubenssätze gestalten in einem großen Ausmaß unsere Realität. Sie sind sehr wirksam – und oft unbewusst. Deshalb ist es wichtig, immer wieder mal zu prüfen, welche Glaubenssätze man bezüglich eines Themas hat und diese zu hinterfragen (»Woher weiß ich, dass das so ist?«).

Heute schaue ich mir einen Lebensbereich an und eruiere meine Glaubenssätze dazu. Wenn ich einen »ungeeigneten« Glaubenssatz entdecke, ersetze ich ihn durch einen ebenso realistischen, aber hilfreicheren.

6. Juli

Indem wir uns daran gewöhnen, zu fühlen, was wir fühlen – frei von Verstandesaktivität –, verlieren Gefühle ihre Bedrohlichkeit. Sie halten uns nicht länger gefangen. Wir können mit ihnen in Einklang leben.

Heute erinnere ich mich an eine unerfreuliche Situation in der Vergangenheit. Doch statt ins Drama abzurutschen, übe ich mich darin, die Situation zu »fühlen ohne zu denken«. Ich gehe in die Mitte meiner Empfindungen, erlebe den sich von dort ausbreitenden Frieden und wie der Körper durch seine natürlichen Reaktionen sich selber heilt.

7. Juli

Erwartungen führen zwangsläufig zu Enttäuschungen. Denn das Leben hat neunundneunzig Möglichkeiten, Ihre Erwartungen nicht zu erfüllen, aber nur eine einzige Chance, Ihre Erwartungen zu treffen. Weder müssen Sie die Erwartungen eines anderen erfüllen, noch müssen andere Ihren Erwartungen gerecht werden.

Heute mache ich mir bewusst, an wen, was und an welcher Stelle ich noch Erwartungen habe – und lasse diese los.

8. Juli

Loszulassen sind auch die Erwartungen, die andere wie selbstverständlich an Sie stellen.

Heute mache ich mir bewusst, welche Erwartungen auf mich projiziert werden, und prüfe, inwieweit es für mich stimmt, diesen nachzugeben und inwieweit nicht.
Heute stehe ich liebevoll zu mir selbst.

9. Juli

Besser als die Dinge zu erzwingen, ist es,
angesichts von Ungewissheiten in der Unschuld zu verharren
und sich dem zu öffnen, was von selbst geschehen möchte.
Die »Energie der Unschuld« bringt Sie
immer wieder vom Kopf zum Herzen.

Heute erinnere ich mich an die »Energie der Unschuld« und verharre in ihr.

10. Juli

Erinnern Sie sich an eine schwierige Situation. Erzählen Sie sich diese Geschichte zuerst als Geschichte von Misserfolg. Sagen Sie dann, während Sie Ihr Herz kreisend massieren, mehrmals laut zu sich: »Obwohl ich hier und da Misserfolg erlebt habe, akzeptiere ich mich voll und ganz!« Und dann erzählen Sie sich die gleiche Geschichte noch einmal, aber verzichten Sie dabei auf jede Bewertung. Erzählen Sie die Geschichte so, wie eine Digitalkamera sie aufzeichnen würde oder ein Zeuge sie erleben würde. Erleben Sie, wie dadurch Ihre Identifikation mit dem »Misserfolg« von Ihnen abfällt. Was bleibt, sind Sie, Ihr wahres Selbst, und Erfahrungen, die kommen und gehen – mehr nicht.

Ich vollziehe diese Übung heute.

11. Juli

Wir werden in unserem Kulturkreis nicht darin trainiert, Emotionen, Empfindungen und Trauma-Reaktionen in unserem Körper zu spüren und mit ihnen zu fließen. Könnten wir dies, würden wir permanent aus uns selbst heraus heilen. Doch wir wurden dazu erzogen, uns zusammenzureißen, zu unterdrücken, was in uns ist, und erwarten deshalb unbewusst von unseren Mitmenschen die gleiche Selbst-Unterdrückung. Dadurch legen wir einander in Ketten und machen einander krank.

Heute suche ich einen Ort auf, an dem ich sein darf, wie ich bin, und lebe mich dort aus – unabhängig von dem, was andere von mir erwarten, und wenn es nur in der Fantasie ist.

12. Juli

Heute geht es darum, sich neu zu erfinden. Dafür benutzen wir wieder das Bild des »Gleiswechsels«. Es geht also darum, von einem Zug in den anderen umzusteigen. Dies bedeutet, die »alten Geschichten« loszulassen, die mit Ihrer bisherigen Landschaft verbunden waren. Nur wenn Sie bereit sind, alles gehen zu lassen, was mit dem »alten Zug« zu tun hatte, werden Sie diesen Gleiswechsel vollbringen.

Heute prüfe ich, in welchem Lebensbereich ich mich neu erfinden möchte. Ich stelle mir einen Bahnhof vor, an dem ich in einen anderen Zug umsteige. Ich bitte mein Unterbewusstsein, mir zu zeigen, welche Landschaften im stimmigen Zug auf mich zukommen.

13. Juli

»Der Mensch blickt in der Zeit zurück und sieht –
sein Unglück war sein Glück!«
(Eugen Roth)

Gibt es etwas in Ihrem Leben, das Ihnen möglicherweise vorenthalten wurde, etwas, das Sie nicht vom Leben bekommen haben? Falls ja, gehen Sie noch einmal in diese Situation und erfüllen sich das, was Sie damals nicht bekommen haben – geistig. Und dann finden Sie den Vorteil, das Positive daran, wie es tatsächlich gelaufen ist. Welches Gute konnte dadurch geschehen?

Ich schließe heute Frieden mit meinem Lebenslauf.

14. Juli

Ein Gedanke ist dann negativ, wenn er
Sie einengt, in Ihnen ungute Assoziationen und Emotionen auslöst, insbesondere, wenn er Sie aus Ihrer inneren Mitte und weg von Ihrem wahren Wesen bringt. Oftmals sammelt ein einziger negativer Gedanke Gedankenketten
um sich herum. Es bildet sich eine negative Gedankenlawine, die Sie überrollt. Hilfreich ist es, stets die eigenen Gedanken zu beobachten. Wann immer Sie destruktive Gedanken spüren, sprechen Sie den folgenden Satz: »Ich bitte das wahre Selbst in mir und die dafür zuständigen Helfer
(mit »Helfern« sind in dem Falle positive Gedankenformen gemeint), die Gedanken zu zerstören, die gerade in meinem Bewusstsein sind, soweit sie nicht hilfreich sind und daher nicht zu mir gehören.« Halten Sie inne. Spüren Sie, wie sich Ihr Energiezustand positiv verändert.

Das nun mache ich heute.

15. Juli

Identifizieren Sie sich mit dem, was Ihrem Selbst entspricht! Dissoziieren Sie sich von dem, was Ihrem wahren Selbst nicht entspricht, Ihnen möglicherweise sogar schadet! Dies bezieht sich nicht auf jeden Lebensbereich, insbesondere auf den Umgang mit sich selbst, mit den eigenen Gedanken und Gefühlen.

Heute achte ich bewusst darauf, mit was ich mich identifiziere und mit was nicht. Es ist meine Wahl.

16. Juli

Minderwertigkeitskomplexe sind im Grunde genommen innere Fehlanpassungen aufgrund von nicht bewältigten Erfahrungen, Fehlern und Misserfolgserlebnissen. Sobald Sie es aufgeben, Ihre Erfahrungen negativ zu bewerten und sich und Ihre Erfahrungen annehmen, wie Sie sind, verschwinden die Minderwertigkeitskomplexe.

Heute lasse ich ganz bewusst Empfindungen von Minderwertigkeit und Unzulänglichkeit los. Ich akzeptiere mich so, wie ich bin. Ich spreche zu mir selbst die Versöhnungsformel: »Auch wenn ich damit diese und jene Schwierigkeiten habe/hatte, akzeptiere ich mich voll und ganz!«

17. Juli

Die Person, die Minderwertigkeitskomplexe hat, die versagt hat oder sich von anderen bedroht fühlt, sind Sie einfach nicht. Sie sind reines Bewusstsein.

Heute spüre ich in mich hinein und richte meine Aufmerksamkeit auf den, der ich wirklich bin. Wenn ich mag, verwende ich die Versöhnungsformel: »Auch wenn ich bezüglich des Umgangs mit … versagt habe/versage, akzeptiere ich mich voll und ganz!«

18. Juli

Die Hirnforschung weiß heute, dass es in unserer Gehirnregion ein »Beurteilungszentrum« gibt, das Stresshormone auslösen kann. Betätigt wird dieses Zentrum von einer Art »innerem Richter«. Er handelt aufgrund eines Dogmas von: »Du sollst nicht ...« bzw. von »Du musst ...« Wenn Sie diese Sätze vollenden, kommen Sie sehr schnell den Urteilen auf die Spur, die für das Stressempfinden verantwortlich sind. Sie lösen das Selbsturteil auf mit der folgenden Versöhnungsformel:
»Auch wenn ich ... (getan habe/nicht getan habe), akzeptiere ich mich voll und ganz!«

Heute lasse ich jede Form von Selbstverurteilung los. Ich spüre, wie das Selbst durch mich wirkt.

19. Juli

Jeder möchte gerne in einer wunderbaren Welt leben – aber müssen sich dafür nicht die Umstände ändern? Eigentlich nicht. Es ist möglich – unabhängig von den Umständen –, die Art und Weise, wie Sie über sich und Ihre Umstände denken, neu zu gestalten, dabei überholte Gedanken, Glaubenssysteme, Muster loszulassen und Dankbarkeit zu entwickeln. Es ist möglich, in einer wunderbaren Welt zu leben – jetzt.

Heute notiere ich einige Dinge, für die ich dankbar bin.

20. Juli

Jeder von uns hat eine Programmierung aus seiner Kindheit hinter sich. Diese gilt es zu erkennen und loszulassen. Wie? Indem Sie erkennen, worin die Programmierung liegt. Sie zeigt sich meistens in einem Glaubenssatz wie »Ich bin …« (zum Beispiel: »Ich bin dem Leben ausgeliefert«).

Heute stelle ich eine solche Programmierung infrage: »Kann ich wirklich wissen, dass ich … bin?« Gegenbeispiele tauchen auf. Ich lasse die Programmierung los.

21. Juli

Eine indische Legende erzählt: Als die große Göttin Kali gegen die Dämonen kämpfte und diese ihr übermächtig wurden, hielt sie inne und rief: »Wer außer mir hier im Raum ist, soll hervortreten!« Da verschwanden alle Dämonen auf einen Schlag…

Heute wandle ich eine Belastung, indem ich sie noch einmal ganz bewusst wahrnehme, sie fühle, ohne zu denken, mich in ihr ausdehne, bis es nicht weiter geht und dann erkenne: »Dies bin nicht ich, sondern dies ist meine Kreation!«
Ich lasse sie los, indem ich jetzt die Aufmerksamkeit wieder auf mich selbst lenke.

22. Juli

**Jede Erfahrung besteht aus drei Teilen: Wahrnehmung – Interpretation – Reaktion.
Indem Sie dem, was geschieht oder geschehen ist, eine neue, liebevolle Interpretation geben, erhalten Sie von Ihrer Körperchemie, aber auch von der Welt eine positive Reaktion.**

Übung: Ich denke heute an einen Lebensbereich, der mir wichtig ist, zum Beispiel meinen Beruf oder meine Beziehung. Falls es da eine Schwierigkeit gibt, nehme ich sie bewusst wahr. Ich sehe vor meinem geistigen Auge die Erinnerung, die Situation. Dann finde ich eine neue, liebevolle Interpretation für die gleiche Situation. Ich öffne mein Herz und lasse das, was ich sehe, und die positive, neue Interpretation mit meinem Herzen verschmelzen. Ich spüre die Erleichterung, die daraus erwächst. Nicht wie die Dinge »wirklich« sind, sondern wie wir sie bewerten, entscheidet über Unglück oder Glück, Leid oder Freude.

23. Juli

Profilneurotiker sind Menschen, die sich zwanghaft hervortun und sich von anderen abheben wollen. Eine Profilneurose kreiert eine Maske, eine Trennung von sich und den anderen. Man lebt dann unbemerkt eine Rolle.

Statt einer Profilneurose zu frönen, nehme ich heute den Platz in der Gesellschaft und in der Welt an, der mir entspricht, unabhängig davon, ob er angesehen ist oder nicht, und dies mache ich, ohne mein »ich« daran zu hängen. Heute lasse ich alle Profilneurosen los und verzichte darauf, andere beeindrucken zu müssen. Ich bin schlicht und einfach ich selbst.

24. Juli

Rechthaberei ist ein reines Ego-Spiel und bietet im zwischenmenschlichen Bereich keinen Vorteil.

Heute verzichte ich im Privatleben auf das krampfhafte Rechthaben-Müssen. Wo Meinungsverschiedenheiten bestehen, drücke ich aus, dass ich die Dinge anders sehe, gegebenenfalls auch, warum. Aber ich zwänge dem anderen meine Standpunkte nicht auf.

25. Juli

Wenn Sie zur Einsicht gelangt sind, erübrigt sich jegliche Rechthaberei. Ist der andere in seinen Ansichten gefangen, dann werden Sie es ohnehin nicht schaffen, ihn da herauszuholen. Solange der andere diese Ansicht als seinen Besitz empfindet, wird er sie verteidigen. Seien Sie deshalb so einsichtig, dem anderen seine Ansicht zu lassen, bis er zur Einsicht gekommen ist. Bieten Sie dem anderen die Einsicht wie einen Mantel an,
in den er hineinschlüpfen kann – aber schlagen Sie ihm diese nicht wie einen nassen Lappen um die Ohren.

Heute bin ich so einsichtig, dem anderen seine Ansichten zu lassen, bis er dazu bereit ist, von selbst zur Einsicht zu kommen, wie immer diese aussehen mag.

26. Juli

Letztendlich gibt es nur eine Wirklichkeit, aber so viele Ausdrucksformen davon, wie es Menschen gibt. Sobald Sie dies akzeptieren, können Sie davon ablassen, andere von Ihrer Wahrheit zu überzeugen. Die Eine Wirklichkeit, die es gibt, kann mit Worten nicht beschrieben werden, und muss es auch nicht. Orientieren Sie sich deshalb nicht an Worten, sondern an der Wirklichkeit, an dem, was wirkt, dem unterschwelligen Weltengesetz, auch TAO genannt. Verlassen Sie die stürmische Brandung der vorgefertigten Meinungen.

Heute lasse ich in meinen Beziehungen Liebe und Selbstachtung fließen, ohne mich in sinnlosen Diskussionen zu verzetteln. Ich lebe in Kontakt mit der »Wahrheit hinter dem Schein«.

27. Juli

»Drei Dinge kehren nie:
Der Pfeil, der abgeschossen,
Das ausgesprochne Wort,
Die Tage, die verflossen.«
(Georg Friedrich Daumer)

Heute achte ich darauf, wo und wie ich mit Worten helfen, heilen, segnen kann.

28. Juli

Das Statusdenken der Eltern, aber auch der Status, den wir mit einer Nationalität, ethnischen Gruppe, mit Moral, Familienstand, gesellschaftlicher oder finanzieller Situation verbinden, ist eine Illusion. Weder brauchen Sie sich schämen, ein Deutscher zu sein, noch für Ihre soziale Herkunft. Sie können an all dem Anteil nehmen, aber Sie sind das nicht.

Heute lasse ich ganz bewusst die innere Identifikation mit einer Gruppenzugehörigkeit los. Ich erinnere mich daran, dass mein wahres Selbst keine Nationalität, keinen Familienstand und keinen gesellschaftlichen oder moralischen Status kennt.
Trotzdem pflege ich natürlich auf der äußeren Ebene meine Zugehörigkeiten und Freundschaften weiter – ohne an sie gebunden zu sein.

29. Juli

Umstände sind, wie der Name bereits sagt,
die Dinge, die »um Sie herum stehen«.
Wichtiger als die Umstände selbst ist die
Einstellung, die Sie zu ihnen haben.

Heute gewinne ich eine positive Einstellung zu meinen Lebensumständen, indem ich sie ehre und liebe, wie sie sind.

30. Juli

Dort, wo Ihnen scheinbar unrecht getan wurde oder Sie sich ungerecht behandelt oder vom Schicksal benachteiligt fühlen, sollten Sie die Sorge um die Gerechtigkeit einer höheren Macht übergeben.

Heute lasse ich jede Form von Selbstgerechtigkeit los.
Ich übergebe meine Wünsche und Bedürfnisse einer höheren Macht.

31. Juli

Wer glaubt, »früher war alles besser«, darf sich nicht wundern, wenn er permanent Schönheiten und Möglichkeiten übersieht. Jeder Augenblick ist einzigartig und deshalb unvergleichlich. Dieses Wunder erleben Sie, sobald Sie es aufgeben, zu vergleichen.

Heute nehme ich diesen Tag und seine Möglichkeiten ganz bewusst an.

August

Fülle

1. August

Fülle ist immer vorhanden. Wir sehen dies an der Luft. Wenn es in einem Raum stickig ist, öffnen wir die Fenster, damit die schlechte Luft entweicht. Im übertragenen Sinne müssen wir die Fenster der Seele öffnen, damit ein Mangelbewusstsein entweichen kann. Dies bedeutet, die Zimmer zu kennen, in die wir den Mangel eingesperrt haben, sie betreten, ihre Türen und Fenster öffnen.

Heute prüfe ich, ob es einen Bereich gibt, in dem ich begrenzt und »in Mangeln« denke. Ich öffne genau dort die Türe, um eine weite Perspektive zu empfangen. Ich gehe in die Stille und frage mein Unterbewusstsein: »Was wäre eine weite Perspektive für mich im Bereich …?«

2. August

Das Unterbewusstsein versteht kein Nein. Wenn jemand sagt: »Ich will keine Kopfschmerzen«, versteht es nur »Kopfschmerzen« und produziert auch solche. Deshalb sollten Sie loslassen, sich mit den Dingen zu beschäftigen, die Sie nicht haben wollen und Ihre Aufmerksamkeit auf das ausrichten, was Sie haben möchten.

Heute achte ich einmal auf die Formulierung meiner Absicht in Worten und Gedanken. Wann immer ich mich bei Nein-Aussagen ertappe, finde ich sofort das positive Gegenteil und formuliere die daraus erwachsende Ja-Aussage.
Beispiel: »Ich will keinen Stress« wird zu: »Ich will Harmonie und Frieden.«

3. August

Auch Sie können jemand sein, der über einen weiten inneren Raum verfügt, über innere Weite. Es ist genau dieser weite innere Raum, der die Fülle verursacht, die Sie suchen, so wie der weite Sternenhimmel Millionen von leuchtenden Sternen in sich birgt.

Ich öffne mich heute der Weite des inneren Raums und erlaube der Fülle, in mir und durch mich zu wirken. Ich erkenne: Diese Fülle ist sofort da, sobald ich mein »Ich« loslasse.
Welche Begegnung möchte ich heute in der Gegenwart dieser Öffnung und Fülle erlauben?

4. August

Die biblische Armut im Geiste ist völlig missverstanden worden. Gemeint ist dabei die Armut an Ego, nicht der Verzicht auf Wohlstand. Wer an seinem Mangel festhält wie an einer Tugend, ist nicht befreit vom Anhaften am Reichtum. Er haftet nur am Gegenteil fest, der Armut.

Heute erkenne ich das hinter jedem Armutsgedanken verborgene Ego und lasse dieses los. Ich lebe aus dem Selbst heraus, das unabhängig von äußerem Reichtum und Armut ist.

5. August

Die ZEN-Meister sagen: »In eine volle Tasse kann man nicht hineingießen!« Und so ist die Fülle in der Leere zu finden, in der Losgelöstheit, in einem weiten inneren Raum, frei von seelischem und äußerem Müll.

Heute mache ich für einige Minuten meinen Geist leer, um zu empfangen, beispielsweise indem ich in dieser Zeit meinen Atem beobachte, ohne mich mit Gedanken oder Gefühlen zu identifizieren.

6. August

Ein Beispiel aus der Bibel für Loslassen ist der weise König Hiob, dem vom Leben erst einmal alles genommen wurde, der aber letztendlich, weil er in der »Energie der Unschuld« geblieben ist, ein Vielfaches wieder zurückbekommen hatte.

Heute prüfe ich, ob es ein Anliegen in meinem Leben gibt, das ich in die Hände einer größeren Macht geben und es damit loslassen möchte – und tue dies.

7. August

Gerade im Loslassen von Liebgewordenem dann, wenn es die Zeit erfordert, liegt seelisches Reife- und Reinigungspotenzial, vergleichbar mit dem ursprünglich reinen Gedanken des Opfers an die Eine Kraft. Geopfert wird im Prozess des Loslassens allerdings nur das Anhaften an der liebgewordenen Form, nicht die Liebe selbst. Das, was an wahrer Liebe gewachsen ist, kann und muss nicht geopfert werden. Im Gegenteil: Es wird durch das Abstreifen der äußeren Form purifiziert. Insoweit ist die Zeit des Loslassens nicht nur eine Zeit der Häutung, sondern auch eine Zeit der Ernte.

Heute denke ich an etwas Liebgewordenes, das ich loslassen musste, und sage dazu: »Danke, dass du gewesen bist – du hast mein Leben bereichert!«

8. August

Manche fürchten die Armut, weil sie dann ihre Bequemlichkeit aufgeben müssen. Andere fürchten den Reichtum, weil sie mit ihm gesellschaftliche Verpflichtungen verbinden. Wenn es uns jedoch gelingt, losgelöst von Reichtum und Armut uns der »Fülle des Lebens« und seiner Schönheit bewusst zu sein, dann sind wir innerlich reich, unabhängig davon, ob wir Lumpen oder Juwelen tragen, Hirse oder Kuchen essen.

Heute bin ich dankbar für die Fülle an Erfahrungen, die ich durch das Leben erhalte, ohne mich mit ihnen zu identifizieren. Heute erfahre ich dies, morgen jenes. Doch keines von beiden bin ich wirklich.

9. August

»Geld allein macht nicht unglücklich.«
(Peter Falk)

Geld ist weder gut noch böse, sondern unschuldig.
Es ist ein Stück Papier und genauso gut
oder böse, wie Sie es verwenden.

Heute gehe ich bewusst und liebevoll mit meinem Geld um.

10. August

Solange Sie in der Gewissheit leben, dass Sie innerhalb der nächsten 24 Stunden sich satt essen können, warme Kleidung und ein Dach über dem Kopf haben, können Sie sich durchaus reich fühlen. Es kostet Sie nicht mehr, als wenn Sie sich in gleicher Situation arm fühlen.

Heute mache ich mir bewusst, dass in meinem Leben alles vorhanden ist, was ich zum Leben brauche.

11. August

Woher weiß ich, dass ich etwas gerade nicht brauche?
Ich habe es nicht!
Dies zu wissen, ist wahres Loslassen.

Heute mache ich mir bewusst, dass auch in Bereichen, in denen ich scheinbar Entbehrung oder Mangel erlebe, in Wahrheit die Fülle herrscht. Das, was der bewertende Verstand als einen Mangel an etwas Erwünschtem empfindet, ist in Wahrheit eine Fülle von etwas anderem.

12. August

»Wer Zahnweh hat, hält jeden, dessen Zähne gesund sind, für glücklich. Der an Armut Leidende begeht denselben Irrtum den Reichen gegenüber.«
(George Bernard Shaw)

Heute prüfe ich, was die Quelle wahren Glücks ist und nehme mit ihr Kontakt auf.

13. August

Victor Hugo schrieb einmal: »Mir ist auf der Straße ein sehr armer junger Mann begegnet, der verliebt war. Sein Hut war alt, sein Mantel abgetragen, Wasser rann durch seine Schuhe. Aber Sterne zogen durch seine Seele.«

Heute lasse ich Sterne durch meine Seele ziehen, indem ich mir meine Verbundenheit mit dem Kosmos bewusst mache.

14. August

Wer angesichts finanzieller Knappheit Selbstverrat betreibt
und sich ablehnt, fühlt sich arm und festgefahren. Doch
sobald Sie den Zustand, in dem Sie sich befinden, egal ob
äußerlich arm oder reich, innerlich angenommen haben,
leben Sie losgelöst. Dann erkennen Sie, dass
Ihr innerer Reichtum und Ihr Reichtumsempfinden
von dem Kontakt zu Ihrem wahren Selbst abhängt.

Heute lebe ich ganz bewusst in Nähe zu mir selbst – ich bewahre diese Nähe.

15. August

Wir dürfen den Samen von gestern nicht in unseren Keller stellen, sondern müssen in Dankbarkeit das, was wir erhalten haben, aussäen – damit Neues wachsen kann. Wir tun dies, indem wir in uns spüren, was wir an Gutem bereits alles erhalten haben, und davon bereitwillig geben. Was wir dergestalt loslassen, kehrt hundertfach zu uns zurück.

Heute spüre ich in mir nach, was ich an Gutem erhalten habe, und mache eben dieses jemand anderem zum Geschenk. Ich kann dies rein geistig oder auch tatsächlich tun.

16. August

Um über das stressbringende Anhaften an Materie hinauszugehen, sehen Sie sich am besten als weiser Verwalter, nicht als Eigentümer Ihrer Besitztümer und Lebensumstände. Ihre Aufmerksamkeit ist dadurch nicht mehr auf Festhalten, sondern auf Stimmigkeit angelegt.

Heute prüfe ich meine Besitztümer und Lebensumstände dahingehend, ob ich sie weise verwalte.

17. August

Unabhängig von Ihrem äußeren Reichtum oder Mangel gibt es einen seelischen Reichtum, den Ihnen niemand nehmen kann.

Heute mache ich mir meinen seelischen Reichtum bewusst, achte, ehre und pflege ihn.

18. August

»Die Phönizier haben das Geld erfunden,
aber warum so wenig?«
(Johann Nestroy)

Heute mache ich mir bewusst, welche wunderbaren Dinge ich vom Leben kostenlos bekomme!

19. August

»Die Philosophen haben die Weisheit erfunden,
aber warum so viel?«
(Siegfried Brockert)

Auch Weisheitswissen ist ein Ballast – wenn es
nicht in Ihnen erfasst und verwandelt wird.

Heute mache ich mir die Quelle der Weisheit bewusst, die nicht in Worten zu finden ist, sondern in mir. Ich stelle meiner inneren Weisheit eine praktische Frage für mein eigenes Leben. Ich horche in mich hinein und erfahre die mir innewohnende Weisheit.

20. August

»Unsere Konsum- und Marktwirtschaft beruht auf der Idee, dass man Glück kaufen kann, wie man alles kaufen kann. Und wenn man kein Geld bezahlen muss für etwas, dann kann es einen auch nicht glücklich machen. Dass Glück aber etwas ganz anderes ist, was nur aus der eigenen Anstrengung, aus dem Innern kommt und überhaupt kein Geld kostet, dass Glück das ›Billigste‹ ist, was es auf der Welt gibt, das ist den Menschen noch nicht aufgegangen.«
(Erich Fromm)

Heute erinnere ich mich dankbar an die glücklichsten Momente meines Lebens. Ich erkenne, dass dieses Glück nicht von Geld abhing, sondern in mir stattfand.

21. August

Wenn wir an einem alten Arbeitsplatz, Lebensstil oder an einer alten Beziehung festhalten, die wir nicht mehr haben, sind wir außerstande, eine neue Positionierung zu finden. Wir müssen loslassen, uns dem Leben anvertrauen, was nichts anderes ist als »das Selbst in Tätigkeit«.

Heute gehe ich nach innen und frage mich, ob es etwas in mir oder meinem Leben gibt, was alt und überholt ist. Ich frage mich auch ganz konkret, was ich tun kann, was der neuen Lebenspositionierung entspricht – und setze dies praktisch um.

22. August

Das Einzige, an dem es sich lohnt festzuhalten, ist das Selbst und das durch das Selbst vermittelte kosmische Bewusstsein, die Einheit allen Seins.

Heute mache ich mir dieses Eins-Sein bewusst.

23. August

Goethe schrieb im Faust: »Werd ich zum Augenblicke sagen, verweile doch! Du bist so schön! Dann magst du mich in Fesseln schlagen, dann will ich gern zu Grunde gehen!«

Heute frage ich mich: Gibt es irgendeinen Augenblick der Vergangenheit, an dem ein Teil meiner Seele noch hängt? Falls ja, besuche ich heute diesen Ort in meiner Fantasie und bringe meine Seele in Gedanken von dort aus ins »Hier und Jetzt«. Ich spüre, wie dieser Seelenanteil mit meiner Gegenwart verschmilzt und mich hier und jetzt nährt und bereichert.

24. August

Im Leben geht es einzig und allein nur um die Dankbarkeit!

Heute erlebe ich Fülle und Dankbarkeit, indem ich das, »was ist«, annehme und liebe.

25. August

Das Einzige, was zählt, ist das eigene wahre Selbst.
Halten Sie den Kontakt zu diesem Selbst – egal in welcher Situation –, und kein Reichtum wird Sie überheblich machen und keine Armut wird Sie erschrecken.

Ich lasse heute alles los, was nicht der »Fülle des Selbst« entspricht.

26. August

»Was immer du an Fülle dir zu empfangen erlaubst, damit beschenkst du auch den Partner!«
(Chuck Spezzano)

Heute genieße ich mein Leben!

27. August

»Dieser Augenblick, diese Liebe, sie finden Platz in mir.
Die vielen Dinge, sie vereinigen sich zu einem.
In einem einzigen Weizenkorn tausend Bündel Ähren.
Ein Nadelöhr umfasst die Fülle einer Sternennacht.«
(Rumi)

Heute öffne ich mich für die Fülle des Universums.

28. August

Wer sich der universellen Liebe bewusst ist, fühlt sich geliebt – unabhängig davon, ob seine Liebe von anderen Menschen erwidert wird.

Heute bin ich mir der universellen Liebe bewusst.

29. August

»Wenn du einen Menschen glücklich machen willst,
dann füge nichts seinem Reichtum hinzu, sondern nimm ihm
einige von seinen Wünschen.«
(Epikur von Samos)

Welchen Wunsch bin ich bereit, heute loszulassen, und damit die Erfüllung in die Hände von etwas Größerem zu geben?

30. August

Wir drohen, an unserem Festhalten zu zerbrechen.
Wer nicht bereit ist, zu gegebener Zeit auf Liebgewordenes
zu verzichten, verschließt sich neuen Toren, die sich
eigentlich ihm öffnen möchten. Wir sind dann wie
ein alter, knorriger Baum, der nicht mehr bereit
ist, sich zu beugen, wenn der Wind kommt, und
uns wieder aufzurichten, wenn er nachlässt.

Heute prüfe ich, ob es irgendetwas Liebgewordenes gibt, das ich jetzt loslassen sollte, damit ich voll und ganz für das »Hier und Jetzt« zur Verfügung stehe. Ich lasse es los – jetzt.

31. August

»Die Einladungen des Lebens nicht anzunehmen,
gehört zu den schlimmsten Verdrängungen!«
(Ottfried Graf Dürckheim)

Der Verstand meint zwar ganz klar zu wissen, was geschieht, wenn er loslässt. Seine Meinung bezieht er jedoch aus gespeicherten Bildern der Vergangenheit. Nur wenn wir uns dem hingeben, »was ist«, und dabei innerlich und äußerlich loslassen, erfahren wir, was dann wirklich geschieht. Loslassen ist keine Lebensverweigerung. Im Gegenteil: Indem wir die Komfortzone des Überholten aufgeben, erwächst in uns Offenheit für die Einladungen des Lebens, die wir im Jetzt erhalten.

Heute nehme ich die Einladungen des Lebens ganz bewusst an.

September

Gesundheit und Frei-Sein von Leiden

1. September

Leiden ist dort sinnlos, wo es uns verbittert, wo wir nicht aus ihm lernen können und wo wir es aufgrund falscher Glaubenssätze oder Geisteshaltungen in einer Weise kreieren, dass es unser Weiterkommen behindert.

Heute prüfe ich, ob es ein sinnloses Leiden in meinem Leben gibt – und lasse es los.

2. September

»Es gibt eine Möglichkeit, das Leiden zu verringern – in dir: Vollkommene Annahme dessen, ›was ist‹!«
(Klaus Jürgen Becker)

Ich lasse heute ganz bewusst die Idee los, dass es einen legitimen Grund gäbe zu leiden.

3. September

»Das Glück entflieht uns, wenn wir hinter ihm her rennen.
In Wahrheit kommt das Glück von innen.«
(Mahatma Gandhi)

Heute frage ich mich, ob ich irgendwo hinter äußerem Glück her renne und mich dadurch in Stress versetze. Dieses Rennen kann auch so aussehen, dass ich versuche, von jemandem Glücksgefühle zu bekommen, der dafür gar nicht zuständig ist.
Ich lasse heute die Jagd nach dem Glück los und entdecke die Quelle des Glücks in mir selbst.

4. September

»Was immer geschieht, an uns liegt es,
Glück oder Unglück darin zu sehen.«
(Anthony de Mello)

Heute frage ich mich, ob es irgendeine negative Bewertung über meine Lebensumstände gibt – und lasse sie los.

5. September

Verzeihen heilt das Empfinden von Kränkung.

Heute überlege ich, ob ich das Empfinden habe, von irgendjemandem einmal gekränkt worden zu sein. Ich fühle den Schmerz noch einmal und umarme mich selbst in diesem Schmerz. Ich verzeihe dem »Peiniger« in dem Wissen, dass auch er das Opfer eines falschen Glaubensystems war. Ich spüre die innere Freiheit, die daraus erwächst.

6. September

Unnötiges Leiden kann vermieden werden,
wenn wir zwar täglich unser Bestes geben, aber nicht
unser Herz an die Früchte unserer Bemühungen hängen.

Heute gebe ich in jeder Lebenslage mein Bestes und weiß:
Mehr kann niemand von mir verlangen!

7. September

»Höflichkeit ist wie ein Luftkissen. Es mag wohl nichts darinnen sein, aber sie mildert die Stöße des Lebens.«
(Arthur Schopenhauer)

Heute bin ich stilvoll und höflich – gegenüber mir und mit anderen.

8. September

Viele Menschen wollen, dass ihre Krankheit sie loslässt, aber sie sind nicht bereit, ihre Krankheit loszulassen.

Heute stelle ich mir vor, es geschähe ein Wunder und eine Krankheit oder Sache, die mich bisher gestört oder belastet hatte, würde verschwinden.
Wer wäre ich dann und wie würde ich dann leben? Ich lebe ein wenig in dieser Fantasie. Ich trage in meinen Alltag etwas von diesem Bewusstseinszustand, dieser Fantasie hinein.

9. September

Wenn wir einen anderen Menschen – absichtlich oder unabsichtlich – gekränkt haben, sollten wir mit ehrlichem Herzen unser Bedauern ausdrücken und ihm sagen, dass es uns leidtut. »Es tut mir leid« sind Worte, die Wunder bewirken können.
Dadurch heilt etwas in ihm – und in uns!

Heute tue ich dies – geistig und vielleicht auch praktisch.

10. September

Weil Kränkung keinem guttut, sollten Sie Kränkung weder annehmen noch austeilen.

Wann immer der Impuls aufsteigt, Kränkung zu empfinden oder auszuteilen, sage ich heute innerlich »Nein« dazu. In einem Feld, in dem ich früher vielleicht Kränkung erlebt habe, erlebe ich jetzt stattdessen Heilsein und Bewusstheit.

11. September

»Glück ist ganz einfach gute Gesundheit und
ein schlechtes Gedächtnis.«
(Ernest Hemingway)

Sehr viel unnötiges Leiden ist mit Leidensgeschichten verbunden, die wir uns oder anderen immer wieder erzählen. Heute prüfe ich, ob ich eine solche Leidensgeschichte kultiviere und lasse sie los. Wer bin ich ohne diese Geschichte?

12. September

Wenn wir die Ordnung des Kosmos stören, bekommen wir vom Leben eine Botschaft. Der wichtigste Botschafter des Lebens ist unser Körper. Die Störung der natürlichen Ordnung erleben wir als Schlappheit, Unwohlsein oder Krankheit.

Heute frage ich mich, wie es meinem Körper geht.
Wenn es ein Symptom gibt, das mich belastet, dann frage ich den mit dem Symptom zusammenhängenden Körperteil, was es mir sagen will. Ich erfahre, wie ich mich verhalten sollte. Ich bitte die universelle Energie darum, meine hilfreiche positive Veränderung zu unterstützen.

13. September

Liebe kann krank machen oder heilen, je nachdem, ob man aus dem Gemüt oder aus seinem wahren Selbst heraus liebt.

Es gibt eine Liebe, die krank macht, und eine, die heilt.
Den Unterschied erfahre ich, wenn ich mich auf eine dauerhafte Beziehung einlasse.
Nur die wahre Liebe hält einer dauerhaften Beziehung stand.
Heute überprüfe ich meine Beziehungen, ob sie auf krank machender oder auf gesund machender Liebe aufgebaut sind.

14. September

»Wenn ich mich selbst lebe, werden vielleicht manche um mich herum, die von meiner aufgesetzten Bedeutung bisher gelebt haben, krank, können aber daran letztendlich heilen.« (Wolfgang Döbereiner)

Gesund zu sein, erfordert, Abstand zu nehmen von dem, was andere in mir sehen möchten.
Heute besinne ich mich auf mich selbst. Ich prüfe, ob ich wirklich so lebe, wie ich gemeint bin, oder ob ich eine Rolle spiele, und ziehe daraus die richtigen Konsequenzen.

15. September

»Man sollte niemals zu einem Arzt gehen, ohne zu wissen, was dessen Lieblingsdiagnose ist.«
(Henry Fielding)

Heute spüre ich in mich hinein. Ich fühle, was ich brauche, um gesund zu sein.

16. September

»Ehret die Frauen! Sie flechten und weben
himmlische Rosen ins irdische Leben
flechten der Liebe beglückendes Band
und in der Grazie züchtigem Schleier
nähren sie wachsam das ewige Feuer
schöner Gefühle mit heiliger Hand.«
(Friedrich Schiller)

Heute ehre ich das empfänglich Umsorgende in mir, unabhängig davon, ob ich ein Mann oder eine Frau bin.

17. September

Stress ist ein Indiz dafür, dass der Gestresste mit seinem wahren Selbst verbunden ist.

Heute mache ich mir bewusst, ob es etwas gibt, was mich stresst. Falls ja, prüfe ich, ob ich an etwas hänge, das nicht wahr für mich ist. Dadurch lässt der Stress mich los – ganz von selbst.

18. September

»Die Lehre von der Wiederkehr ist zweifelhaften Sinns. Es fragt sich sehr, ob man nachher noch sagen kann: Ich bin´s. Allein was tut´s, wenn mit der Zeit sich ändert die Gestalt? Die Fähigkeit zu Lust und Leid vergeht wohl nicht so bald.«
(Wilhelm Busch)

Heute bin ich mir meiner Gedanken, Gefühle und Einstellungen bewusst. Wann immer ich einen leidvollen Gedanken oder eine stressbringende Überzeugung spüre, lasse ich diese los und spüre wieder mich selbst.

19. September

»Alles was auf der Grundlage von Angst getan wird, vermehrt Leid und Elend.«
(Rudolf Dreikurs)

Heute spüre ich bei dem, was ich tue, warum ich es tue.
Stimmt meine Ausrichtung? Ist mein Tun sinnvoll und von innen her motiviert?
Ich finde eine optimale Einstellung zu dem, was ich tue. Wie würde diese aussehen?

20. September

»Der Affe sieht nur den fremden Hintern,
den eigenen sieht er nicht.«
(Weisheit des Ostens)

Heute achte ich darauf, ob es etwas gibt, was mir an anderen nicht gefällt, und ändere dieses Verhalten – in mir!

21. September

»Wer aus Leid Lust zieht, hat vergessen,
wem sein Hass ursprünglich galt.«
(Peter Raba)

Heute prüfe ich, ob es irgendein Leiden gibt, an dem ich mich unbewusst berausche. Dies kann ein eigenes Drama sein, an dem ich mich ergötze, oder auch ein Fernsehthriller.
Falls ich etwas in der Art entdecke, gehe ich in mich und frage mich, wem mein Hass ursprünglich galt. Ich bitte mein Unterbewusstsein, mir dies zu zeigen. Und dann verzeihe ich dieser Person und spüre, wie die guten Energien, die mir damals geraubt wurden, wieder zu mir zurückfließen.

22. September

»Die Liebe ist die einzige Leidenschaft, die mit einer Münze bezahlt wird, die sie selber prägt.«
(Stendhal)

Heute spüre ich ganz bewusst die Fähigkeit des Liebens ganz tief in mir und sende dieses Lieben aus in die Welt um mich herum.

23. September

Die Liebe Ihres Lebens blickt Sie direkt an, wenn Sie in den Spiegel schauen – ob Sie diese erkennen, liegt ganz bei Ihnen!

Heute schaue ich mir ganz bewusst ein aktuelles Foto von mir an. Ich richte aus der Tiefe meines Herzens alle Liebe an diese Person, die ich auf diesem Foto sehe – mich selbst. Ich denke dabei: »Ich liebe dich!«

24. September

Sie sind nicht verantwortlich für das Leiden,
das ein anderer kultiviert.
Wenn der andere behauptet, Sie seien schuld
an seinem Leiden, haben Sie Mitgefühl mit
seinem Sein, aber glauben Sie ihm nicht.

Fragen Sie ihn stattdessen nach seinen Bedürfnissen. Prüfen Sie, ob Sie diese erfüllen möchten – oder auch nicht.
Dies tue ich heute.

25. September

»Lebenskunst besteht zu 90% aus der Fähigkeit, mit Menschen auszukommen, die man nicht leiden kann.«
(Samuel Goldwyn)

Falls ich heute einem schwierigen Menschen begegne, mache ich ein Kunstwerk daraus, mit ihm auf optimale Weise umzugehen. Ich bitte dafür mein wahres Selbst um Unterstützung.

26. September

Wer keine Zeit für seine Gesundheit hat, wird eines Tages Zeit haben müssen, krank zu sein.

Heute nehme ich mir Zeit, etwas Gutes für mich und meine Gesundheit zu tun.

27. September

Humor ist ein universelles Heilmittel.

Heute nehme ich eine Lebenssituation, die mich einmal gekränkt hatte, und schreibe sie um – ich erzähle sie mir selbst wie eine Humoreske, voller Liebe für mich selbst.

28. September

»Wer stark, gesund und jung bleiben und seine Lebenszeit verlängern will, der sei mäßig in allem: Atme reine Luft, treibe tägliche Hautpflege und Körperübung, halte den Kopf kalt, die Füße warm und heile ein kleines Weh eher durch Fasten als durch Arznei.«
(Hippokrates von Kos)

Heute übe ich ganz bewusst Mäßigkeit in allem, was ich tue. Ich mache zudem einen Spaziergang an der frischen Luft.

29. September

»Das Zahnweh, subjektiv genommen,
ist ohne Zweifel unwillkommen;
doch hat's die gute Eigenschaft,
dass sich dabei die Lebenskraft,
die man nach außen oft verschwendet,
auf einen Punkt nach innen wendet.«
(Wilhelm Busch)

Heute spüre ich in mich hinein. Ich entdecke den Quell der Gesundheit in mir.
Ich lenke ihn genau dorthin, wo mein Körper ihn am dringendsten braucht.

30. September

»Gehst früh zu Bett, stehst auch früh auf,
verlängerst du den Lebenslauf.«
(Alte Bauernweisheit)

Heute achte ich auf einen gesunden, erholsamen Schlaf und lasse alles los, was dem im Wege steht.

Oktober

Akzeptanz (II)

1. Oktober

Wir können nichts loslassen, was wir nicht zuvor angenommen haben. Dies gilt insbesondere für uns selbst. Es bedeutet, alle Selbstverurteilungen loszulassen.
Das, was wir an uns möglicherweise bisher abgelehnt hatten, möchte heute angenommen werden, damit es durch unsere Akzeptanz transformiert und verändert werden kann.

Heute lasse ich jede Selbstverurteilung los. Ich erkenne, dass ich in jedem Augenblick mich selber »gebe« – und tue dies tatsächlich.

2. Oktober

Das Märchen vom Froschkönig zeigt es uns ganz deutlich: Der Frosch in uns – er versinnbildlicht das Unschöne – möchte in seiner wahren Natur erkannt, angesprochen (an die Wand des Bewusstseins geworfen) und geküsst werden, damit er seine wahre Natur zeigen kann. Dogmen und »du sollst nicht« verdrängen nur »den Frosch« in uns. Durch Verdrängung werden wir moralisch, aber nur selten weise.

Heute nehme ich mich so an, wie ich bin.

3. Oktober

Auf dem Weg zur Vollkommenheit ist es wichtig,
das Unvollkommene als Zwischenstadium
vollkommen zu akzeptieren.

Sollte ich einmal nicht mein Bestes geben können, bekenne ich, dass mir dies nicht möglich ist – voller Liebe und Anerkennung für mein Bemühen.
Dann ist eben dies das Beste, was ich zu geben habe.

4. Oktober

Selbstannahme ist nicht blindes Ausagieren dessen, was mir in den Kram passt, sondern Selbstbegleitung. Es bedeutet, immer wieder im Leben sich des wahren Selbst bewusst zu sein.

Heute bin ich mir selbst ein liebevoller Freund und Begleiter.

5. Oktober

Loslassen bedeutet, den Schein loszulassen, für sich selbst liebevoll da zu sein, sich selbst zu bevatern/bemuttern, sich seiner Selbst liebevoll zuzuwenden.

Heute höre ich liebevoll in mich hinein und spüre, was ich fühle und was ich brauche.
Ich nehme mir Zeit für mich selbst.

6. Oktober

Viele Menschen suchen verzweifelt jemanden, der sie liebt, statt zu erkennen, dass die Quelle aller Liebe in ihnen selbst ist.

Heute gebe ich Liebe – mir und anderen. Ich befreie mich dadurch von meiner Gier nach äußerer Liebe. Aus dieser Fülle wende ich mich mir und anderen voller Liebe zu.

7. Oktober

Beobachten Sie einmal, wo Sie mit Gedanken, Worten, Taten überschwänglich und überheblich sind, und wo Sie sich kleiner machen und am Mangel festhängen.

Heute finde ich eine Einstellung echter Ausgewogenheit, die es mir ermöglicht, mich in jeder Lebenslage eingebettet in das große Ganze zu fühlen.

8. Oktober

Bescheidenheit hängt mit »Bescheid wissen« zusammen.

Heute bescheide ich mich mit dem, was das »große Ganze« durch mich verwirklichen will. Ich erfülle meine Tagesaufgaben, weiß, wann ich zu sprechen und wann ich zu schweigen habe. Ich spiele bewusst meinen Part in der großen Sinfonie des Lebens, so wie es dem TAO, der Harmonie des Ganzen, entspricht.

9. Oktober

Wer da glaubt, er spiele eine Rolle,
der spielt noch keine Rolle!

Heute achte ich darauf, stets im Herzen verbunden zu sein. Ich lasse aufgesetzte Rollen los.

10. Oktober

»An einem gewissen Punkt, jetzt oder später, wirst du es riskieren müssen, du selbst zu sein, um herauszufinden, wer das in Wirklichkeit ist.«
(Cheri Huber)

Heute achte ich darauf, mir selbst gegenüber ehrlich zu sein. Ich lebe so authentisch wie möglich.

11. Oktober

Ramana Maharshi spricht vom »Wahn des Ich«, welchen er als Wurzel aller Krankheit sieht.

Wann immer ich heute ein Problem habe, frage ich mich: »Wer ist es denn überhaupt, der hier ein Problem hat?« Ich spüre: Probleme steigen auf, Probleme vergehen, doch es ist niemand da, dem die Probleme gehören.

12. Oktober

In jedem von uns, ob wir uns dessen bewusst sind oder nicht,
schlummert die Angst, nichts wert zu sein,
ein Niemand zu sein. Deshalb heften wir uns Orden an und
geben uns die Identifikation, ein guter Mensch zu sein. Doch
unsere Identifikationen machen uns angreifbar.
Indem wir uns bewusst machen, dass es ein »Ich«, das
einen Wert hat, gar nicht gibt, sondern das Selbst in uns
allen Wert verdient, verschwindet unsere Angreifbarkeit.

Heute lasse ich meine Angst vor Wertlosigkeit los und spüre das Selbst.

13. Oktober

Sie sind weder Erfolgsmensch noch Versager.
Beide Identifikationen sind Illusionen. Sie sind nicht
dies und nicht das. Sie sind etwas anderes. Um dies
zu erkennen, müssen Sie all Ihre Illusionen loslassen,
auch die Idee, ein Held oder ein Versager zu sein.

Heute gehe ich in die Stille und spüre mein »wahres Sein«.

14. Oktober

»Wenn Sie sich bewusst machen, dass Sie nicht die Persönlichkeit sind, nicht der Name, mit dem Sie gerufen werden, und auch nicht die Rolle, die Sie spielen, reduziert sich Ihr Leiden auf ein Minimum.«
(Klaus Jürgen Becker)

Erkennen Sie: Sie sind nicht der Klaus, Peter oder Fritz, die Anna, Elfriede oder die Ilse, die in ihren Lebenskampf verstrickt sind. Sie sind nicht der Mensch, der tausend Probleme hat.
Sie sind Bewusstsein, von alledem unberührt.

Heute lasse ich alle Identifikationen, die mir nicht dienlich sind, los.

15. Oktober

Der Sinn des Lebens liegt nicht in dem, was Sie haben – Geld, Partner, Kind, Beruf –, sondern in dem, was Sie sind.

Heute mache ich mir in jeder Lebenslage bewusst:
»Es geht darum, wer ich bin!« Ich handle aus diesem Bewusstsein heraus.

16. Oktober

In dem Augenblick, in dem Sie Ihre Ich-Verhaftung vollkommen erkennen und loslassen, gibt es kein Problem, mit dem Sie nicht sein können.

Heute mache ich mir ein Thema bewusst, das mich beschäftigt, und lasse meine Ich-Verhaftung damit los.

17. Oktober

Sie haben vielleicht manchmal ein Problem – aber Sie sind kein Problem!

Heute stelle ich mir ein Problem vor, das mich beschäftigt. Ich erlebe mich in dem Problem. Und dann ziehe ich das Problem aus mir heraus, wie ein Bild, das ich vor mir hinstelle. Ich spüre: Dort ist das Bild und hier bin ich.
Ich bleibe in diesem Spüren, bis ich wahrnehme, dass der Raum zwischen dem Bild und mir frei geworden ist, dass ein tiefes Loslassen und Losgelöst-Sein geschieht.

18. Oktober

Der Gipfel der Torheit ist es, seinen Partner/besten Freund mit einem früheren Geliebten zu vergleichen. Dadurch entehrt man den einen wie den anderen.
Jeder Mensch hat ein Anrecht darauf, in seiner Einzigartigkeit gesehen, in dieser anerkannt und bewundert zu werden.

Heute verzichte ich ganz bewusst darauf, meinen Partner/besten Freund mit jemand anderem zu vergleichen. Ich bewundere ihn in seiner Einzigartigkeit.

19. Oktober

Viele Therapien sind heutzutage nichts anderes als Elternbeschuldigungsveranstaltungen. Es geht jedoch nicht darum, die Eltern für eine unglückliche Kindheit verantwortlich zu machen, sondern zu erkennen, dass Sie derjenige, der darunter gelitten hat, nicht sind. Dies bedeutet, sich an Ihr wahres Selbst zu erinnern.

Heute ehre ich meine Eltern dafür, dass sie sich die Mühe gemacht haben, mich großzuziehen. Zugleich bin ich frei von den Prägungen, die ich als Kind erlebt habe. Ich erkenne: Jenes bin nicht ich – es ist meine Kreation, die ich jederzeit loslassen kann. Zum Beispiel jetzt.

20. Oktober

Wie macht man Berlin zur saubersten Stadt der Welt? – Indem jeder vor der eigenen Türe kehrt!

Heute gebe ich es auf, andere zu kritisieren. Ich lebe für mich selbst so verantwortungsbewusst und stimmig, wie es mir möglich ist.

21. Oktober

»Sei dir selbst treu! Und daraus folgt, so wie die Nacht dem Tage, du kannst nicht falsch sein gegen irgendwen.«
(William Shakespeare: Hamlet)

Heute prüfe ich, ob ich mein Leben lebe – oder ob ich in irgendeinem Bereich die Treue gegenüber mir selbst verrate. Ich gehe immer wieder bewusst in Kontakt mit meinem wahren Selbst.

22. Oktober

»Wisset, dass der Freund seiner selbst auch der Freund anderer ist.«
(Seneca)

Heute spüre ich ganz bewusst in mich hinein und komme meinen wahren Gefühlen und Bedürfnissen auf die Spur. Ich gehe heute genau so mit mir um, wie ich mit meinem besten Freund umgehe.

23. Oktober

Wenn Ihre Wohnung voller Gerümpel ist, kann dies darauf hinweisen, dass Sie viel Gedankenmüll mit sich herumschleppen.

Heute entrümple ich innen wie außen.
Unnötige Gegenstände verschenke oder verkaufe ich. Sperrmüll bringe ich auf den Wertstoffhof. Hierbei beginne ich mit den Dingen, bei denen mir das Verkaufen, Loslassen, Wegwerfen am leichtesten fällt.

24. Oktober

»Was eine Beziehung gelingen lässt,
ist nicht die Aufgabe der Eigenart, sondern die volle
Anerkennung dessen, wer wir selber sind, und der Respekt
vor der Einmaligkeit des anderen.«
(Carol Anthony)

Heute respektiere ich mich und den anderen bedingungslos. Ich lasse alle Wünsche los, der andere müsse anders sein, als er ist.

25. Oktober

»Je mehr du dich liebst, um so mehr
wirst du erkennen, dass du geliebt wirst.«
(Chuck Spezzano)

Heute lasse ich die Idee los, von einer Einzelperson Liebe zu brauchen. Ich spüre stattdessen die universelle Liebe, die ständig vorhanden ist.

Ich sende diese Liebe aus an eine Person, die heute meine Liebe braucht. Sollte ich dabei Widerstand spüren, so sende ich dem Teil in mir, der zu dieser Liebe Widerstand leistet, meine ganze Liebe und Anerkennung, bis ich in mir eine positive Veränderung spüre.

26. Oktober

»Wir können nicht integrieren, wir können nur herausfinden, dass wir bereits integriert sind.«
(Steven Harrison: Eins sein)

Heute lasse ich alle Vorstellungen von Integration und künstlicher Harmonie los. Ich erlebe, wie die universelle Harmonie sich in meinem Leben durch mich von selbst entfaltet. Ich habe Vertrauen in die Kraft des Selbst.

27. Oktober

»In dem Maß, in dem wir uns aus dem Selbst heraus in Beziehung setzen, werden wir eins mit dem anderen, gelingt die Liebe.«
(Carol Anthony)

Heute lasse ich alle falschen Zuschreibungen, die ich gegenüber anderen gemacht habe, los. Ich erlebe, wie mir das Selbst im anderen begegnet.

28. Oktober

»Die Ehe ist ein Spielplan mit gleichbleibendem Repertoire, folglich sollte man wenigstens die Inszenierung ändern.«
(Federico Fellini)

Heute lasse ich mir etwas einfallen, das ich einmal anders mache als gewohnt. Ich bringe frischen Wind in meinen Alltag und mein (Beziehungs-)Leben.

29. Oktober

»Die Erneuerung unserer Welt kann
nur von Mensch zu Mensch beginnen.«
(John Welwood)

Heute spreche ich ganz bewusst im anderen den Teil an, der stimmig und vollkommen ist. Ich sehe im anderen das vollkommene Wirken der Einen Kraft und spüre meine Verbindung mit ihr.

30. Oktober

Wenn Sie nichts mehr persönlich nehmen, wo haben Sie dann noch ein Problem?

Heute spüre ich – unabhängig von äußeren Einflüssen – meine Nähe zu mir selbst.

31. Oktober

Der Liebe kein Hindernis zu bereiten, dies ist der Weg, der zur Vollendung führt.

Heute lasse ich mich ganz bewusst von der Liebe lenken und werde ihr gerecht.

November

Mind-Mastering

1. November

Negative Erinnerungen können Sie loslassen, indem Sie diese gedanklich »zerschnipseln« und in positive umformen.

Heute prüfe ich, ob es eine Situation in meinem Leben gab, die mich belastet hat. Wenn ja, sehe ich sie vor mir wie ein Foto, nehme geistig eine Schere und zerschnipsle dieses Bild. Dann spüre ich, wie aus den Schnipseln die Farbe entweicht. Die Reste liegen jetzt geistig vor mir, wie eine graue Masse, die ich nun zusammenknülle. Ich streiche diese Masse glatt, sodass ein neues Blatt Papier entsteht. Ich bitte mein höchstes Bewusstsein, mir jetzt ein Bild zu zeigen, das gut für mich ist. Ich sehe dieses Bild in Farbe, dreidimensional, begebe mich selbst in dieses Bild und genieße die Kraft, die mich dadurch erfüllt.

2. November

Stellen Sie sich vor, Sie halten einen Kugelschreiber in der Hand und Ihre Aufgabe wäre es, diesen loszulassen – wie machen Sie das? Nun ganz einfach, indem Sie aufgeben, ihn festzuhalten. Den Rest besorgt die Schwerkraft.

Heute lasse ich ein Problem los, das mich bislang beschäftigt hat. Ich versuche zu erkennen, weshalb ich es festhalte, weshalb ich es nicht loslassen will.

3. November

Wenn Sie ein Problem lösen wollen, ist es wichtig, das Problem so genau wie möglich zu definieren. Indem Sie exakt beschreiben, worin das Problem liegt, machen Sie den Weg frei für eine Änderung.

Auch heute lasse ich ein Problem los, das mich bislang beschäftigt hatte. Ich verwende dazu folgende Worte: »Da ist ein Problem mit … (Problem exakt ansprechen) und das kann sich ändern. Ich bin bereit, alle Veränderungen zu erlauben, die damit zusammenhängen. Ich will, dass dieses Problem verschwindet!« Ich spüre dabei die energetische Veränderung in mir.

4. November

Sie selbst entscheiden, welche Gedanken Sie annehmen
und welche Sie verwerfen, welche Personen Sie
in Ihrem Bewusstsein groß und
welche Sie klein machen, welche Erinnerungen Sie
farbig ausmalen und welche Sie verblassen lassen.

Ich suche mir heute einen Lebensbereich, der mir wichtig ist. Als inneres Bild sehe ich zuerst eine schwierige Situation, vielleicht mit einem Menschen, eher unangenehm oder belastend. Bewusst steige ich aus dem Bild aus, lasse die Farbe verblassen und das Bild kleiner werden. Dann lasse ich aus meinem Bewusstsein eine Situation oder einen Menschen aufsteigen, angenehm und stärkend. Dieses Bild lasse ich dreidimensional werden, ich gehe in dieses Bild. Es bekommt in mir nun genau die Aufmerksamkeit, die es verdient.

5. November

Das, was im eigenen Leben scheinbar negativ in Erscheinung tritt, triezt Sie nur deshalb, damit Sie die dahinter verborgene Stärke erkennen und durch Wandlung heimholen. Das bedeutet: Hinter allem scheinbar Negativen ist eine positive Absicht verborgen.

Heute frage ich mich bei allem, was mir begegnet: »Was ist denn positiv daran?« Wenn jemand beispielsweise herrschsüchtig ist, so kann ich den Betreffenden als durchsetzungsstark ehren, ist er schlampig, schätze ich seine Lässigkeit. So fällt es mir heute besonders leicht, negative Bewertungen loszulassen.

6. November

»Ich lasse los« ist eine Zauberformel, die
Sie jederzeit einsetzen können.

Heute übe ich mich gezielt im Loslassen. Dafür gehe ich in die Stille und nehme Kontakt mit meinem höchsten Bewusstsein auf. Aus dieser Bewusstheit heraus lasse ich alles los, was mich beengt. Ich bitte dafür mein Unterbewusstsein, die Glaubenssätze, Belastungen, Ängste aufsteigen zu lassen, die JETZT losgelassen werden möchten. Ich vollziehe das Loslassen, indem ich die drei Worte ausspreche: »Ich lasse los ...« und dann anfüge, was loszulassen ist (zum Beispiel Stress bezüglich …, Ärger mit …, Erwartungen an … usw.).

7. November

Nicht jeder Loslass-Satz trifft gleich stark. Es ist ähnlich wie beim »Topfschlagen« oder auch bei der Akupunktur. Manchmal muss man das Thema ein wenig umkreisen, bis der Satz trifft. »Volltreffer« erkennen Sie an einer seelischen Regung.

Heute gehe ich in meine innere Mitte, stimme mich auf ein Thema ein, für das ich »Loslass-Sätze« sprechen möchte und achte darauf, die Loslass-Sätze exakt zu treffen. Ich beginne mit: »Ich lasse los …«

8. November

Besonders konzentriert und kraftvoll wirken die Loslass-Sätze, wenn Sie sich dafür in eine besondere Haltung begeben, zum Beispiel in den Pharaonensitz mit geöffneten Handschalen, und dann aussprechen, was Sie gerade bedrückt. Eine zusätzliche Hilfe ist es, nach jedem Loslass-Satz das Wort »Danke« auszusprechen. Durch Ihre Dankbarkeit drücken Sie aus, dass Sie die positive Veränderung angenommen haben.

Heute gehe ich in die Stille und spreche meine Loslass-Sätze. Immer dann, wenn ich gespürt habe, dass das Loslassen energetisch vollzogen ist, bekräftige ich meine Erfahrung durch ein »Danke«.

9. November

Den Zaubersatz »Ich lasse los« können Sie jederzeit im Alltag für jedes Thema verwenden. Die Formel »Ich lasse los …« löscht Negativprogramme und unbewusste Blockierungen aus dem Unterbewusstsein, und macht den Weg frei für positive Gedanken. Dadurch haben die guten Gedanken, die vorher von Unkraut überwuchert wurden, jetzt die Möglichkeit, zu blühen, zu wachsen und gedeihen.

Heute nehme ich mir ein ganz bestimmtes Thema vor, das mir wichtig ist. Ich notiere mein Ziel auf einem Blatt Papier, zum Beispiel. »erfüllte Partnerschaft«, »optimale Gesundheit«, »Befreiung des Selbst/der inneren Helfer«. Dann gehe ich in meine Mitte und spüre, was in mir aufsteigt und losgelassen werden möchte, wenn ich an dieses Thema denke. Ich spreche einen Loslass-Satz nach dem anderen, bis ich die Befreiung spüre. Ich beginne mit: »Ich lasse los …«

10. November

Manchmal ist es sinnvoll, bewusst in der Zeit zurückzugehen zu dem Augenblick, in dem ein belastendes Muster oder ein begrenzender Glaubenssatz entstanden ist.

Heute bitte ich mein Unterbewusstsein/meine Seele, so ein Ereignis in mein Bewusstsein zu bringen. Ich bin offen für das, was kommt, auch wenn es sich möglicherweise um Fantasiebilder handelt. Ich weiß: Mein Unterbewusstsein/meine Seele bringt die Bilder hervor, die am meisten (negative) Kraft haben – und mit denen ist – unabhängig von deren Wahrheitsgehalt zu arbeiten. Ich sehe das Bild/die Schlüsselszene vor meinem geistigen Auge und spreche meine Loslass-Sätze, beginnend mit: »Ich lasse los …« Ich treffe die Ereignisse dabei so exakt, dass ich eine seelische Berührung spüre. Dann bedanke ich mich und gehe meinen Tagesgeschäften nach.

11. November

Wenn Sie gerade einen Mangel oder ein Problem haben, hat dies seine Ursache oft in einer Entscheidung, die Sie irgendwann einmal getroffen haben. Denken Sie an eine Sache, die Sie als Mangel oder Problem erleben. Bitten Sie Ihr Selbst, Sie zu dem Entstehungszeitpunkt der Situation zu führen. Fühlen Sie noch einmal, was Sie damals gefühlt haben. Welche (falsche) Entscheidung haben Sie damals getroffen? Sagen Sie sich von dieser falschen Entscheidung los: »Ich lasse los ...«

Ich vollziehe diese Übung jetzt.

12. November

Zu zweit oder in einer Gruppe gesprochene Loslass-Sätze haben eine besondere Wirkung, da durch »wohlwollendes Hören« die Kraft der Sätze verstärkt wird.
Wenn man mag, kann man die Loslass-Sätze auch auf das Gegenüber beziehen, zum Beispiel in einer Paar-Sitzung.

Heute suche ich mir einen anderen Menschen, in dessen Anwesenheit ich meine Loslass-Sätze ausspreche. Ich bekräftige mich dadurch in meiner Absicht und positiven Ausrichtung. Falls niemand in meiner Nähe ist, tue ich dies telefonisch.
Nachdem mein Part losgelassen ist, gehe ich in die Position des Zuhörers und unterstützte den anderen in seinem Loslassen.

13. November

Sehr schön ist es, vor dem Zubettgehen gemeinsam ein Loslass-Ritual zu vollziehen. Machen Sie die nachfolgende Übung im Bett sitzend direkt vor dem Einschlafen, zu zweit oder in Telefonverbindung mit einem engen Freund. Hierbei fragt ein Partner den anderen: »Gibt es irgendetwas, das dich belastet?« Der andere antwortet, indem er das Belastende direkt in einen Loslass-Satz kleidet. Beispiel: »Ich lasse den Stress des Verkehrsstaus heute Mittag los …« Gefragt wird, bis nichts Stressiges mehr übrig ist, dann werden die Rollen getauscht. Derart losgelöst fällt es leicht, einzuschlafen.

Dies tue ich heute.

14. November

Sie können negative Gedanken und unpassende Aussagen, ob Sie von Ihnen oder von jemand anderem kommen, einfach »verwerfen«, bevor diese größeren Schaden anrichten. Alles, was Sie dafür benötigen, ist die Bewusstheit, ganz im »Hier und Jetzt« zu sein, und die Bereitschaft, die Stimmigkeit einer Aussage zu überprüfen.

Wann immer heute jemand etwas Negatives auf mich projiziert, beispielsweise »Sie sind ein Idiot«, gehe ich in meine innere Mitte, in mein Selbst-Bewusstsein und entgegne, laut oder leise: »Falsche Antwort!« Gegebenenfalls drücke ich auch noch laut oder leise aus, was die »richtige« Antwort wäre, beispielsweise: »Ich bin wunderbar!« Diese Methode wende ich auch an, falls mir zufälligerweise ein negativer Gedanke ins Bewusstsein steigt.

15. November

Was tun, wenn Sie blockiert sind? Eine gute Hilfe ist, mit der Blockade zu gehen, sich nicht gegen sie zu sperren. Sie bringen blockierte Energien in Bewegung, indem Sie ihnen den Raum geben, sich durch Grimassen, Gestik, Mimik, Worte oder Schreien auszudrücken. Falls Sie alleine sind, übertreiben Sie ungeniert. Wenn Sie das Bedürfnis haben, Laute von sich zu geben, sich jedoch scheuen, unliebsames, das in Ihnen schwelt, in Deutsch auszudrücken, verwenden Sie doch einfach Chinesisch oder brummen Sie. Wenn Sie zum Zeitpunkt der Blockade in Gesellschaft sind, empfiehlt es sich für diese Übung, ein stilles Örtchen aufsuchen.

Heute bringe ich durch Grimassen, Brummen oder »Chinesisch-Sprechen« blockierte Energien ins Fließen und habe Spaß an dieser Übung.

16. November

Sie können eine Blockade leicht lösen, wenn Sie – für einen Augenblick – das, was Sie wahrnehmen, total übertreiben und dadurch ins Fließen bringen.
Übung: Gehen Sie gedanklich genau an die Stellen Ihres Körpers, wo Sie eine Blockade spüren und bringen Sie diese zum Ausdruck. Wenn zum Beispiel der Nacken angespannt ist, verstärken Sie diese Anspannung. Wenn irgendwo Tränen oder Wut gestaut sind, drücken Sie diese Tränen oder Wut aus.

Heute spüre ich in meinen Körper hinein und lasse gefundene Blockaden bewusst los.

17. November

Sie können die Technik »Blockaden lösen durch Ausdrücken« übrigens auch bei uralten chronischen Blockaden anwenden. Für den Zweck denken Sie an ein Thema, in das Sie eine Veränderung hineinbringen möchten. Schließen Sie die Augen. Spüren Sie in sich hinein. Und dann drücken Sie das aus, was sich durch Ihren Körper ausdrücken möchte, zum Beispiel durch Grimassen oder durch Laute. Lassen Sie sich selbst dabei völlig los. Dann, nach etwa fünf Minuten Ausdrücken, denken Sie wieder an das Thema und fühlen erneut hin, ob sich dadurch etwas verändert hat. Drücken Sie dann das aus, was jetzt noch akut ist. Wiederholen Sie dies so oft, bis Sie spüren, dass sich die Blockade gelöst hat.

Heute löse ich eine uralte Blockade durch Ausdrücken, Übertreiben und Loslassen.

18. November

Wenn Ihnen eine Lebenssituation zu nahe geht, stellen Sie sich vor, Sie seien lediglich der wertfreie Beobachter einer Situation. Imaginieren Sie, dass die Situation gar nicht um Sie herum, sondern in einem Film auf der Leinwand stattfindet, den Sie beobachten.

Heute löse ich mich bewusst von der Identifikation bei einer beengenden Situation mithilfe der oben beschriebenen Leinwandtechnik.

19. November

Wenn Sie nicht genau wissen, ob ein Gedanke für Sie negativ ist oder nicht, nehmen Sie den Gedanken wertfrei wahr und beobachten Sie, wohin er führt. Dann erkennen Sie schnell, ob er hilfreich ist. Wenn Sie spüren, dass der Gedanke Ihnen nicht guttut, wenden Sie sich bewusst einem anderen Gedanken zu. Dadurch bleiben Sie stets im »Hier und Jetzt«.

Heute lebe ich in Gedankenbewusstheit.

20. November

Wann immer ein ganz bestimmter Gedanke Sie bedrängt, gehen Sie in Ihre innere Mitte. Spüren Sie Ihr Selbst. Sagen Sie dreimal innerlich »Nein, nein, nein« zu dem Gedanken. Richten Sie dann Ihre Aufmerksamkeit auf einen Gedanken, der für Sie hilfreich und mindestens ebenso attraktiv ist wie der nicht hilfreiche Gedanke.

Heute übe ich mich darin, zu destruktiven Gedanken »Nein, nein, nein« zu sagen und anschließend meine Gedanken auf ebenso attraktive, konstruktive Gedanken umzulenken.

21. November

Wenn Sie sich um Ihre eigenen Angelegenheiten kümmern und diese vortrefflich erledigen, leben Sie in einer vortrefflichen Welt.

Wann immer ich denke, jemand anderes (Partner, Politiker, Elternteil, Nachbar, ...) sollte irgendetwas ganz Bestimmtes tun oder darstellen, befinde ich mich in fremden Angelegenheiten. Ich kümmere mich heute ausschließlich um meine eigenen Angelegenheiten und erfülle diese so optimal wie möglich.

22. November

»Wir können nicht verhindern, dass böse Gedanken wie Vögel über uns hinwegfliegen, aber wir können verhindern, dass sie auf unseren Köpfen ihre Nester bauen.«
(Martin Luther)

Heute spüre ich, ob ich irgendeinen unbrauchbaren Gedanken hege oder gar ausbrüte und lasse ihn los. Ich richte meine Aufmerksamkeit stattdessen auf einen liebenswerten Aspekt, den ich erleben möchte.

23. November

»Der Mensch bringt täglich sein Haar in Ordnung,
warum nicht auch sein Herz?«
(Weisheit aus Indien)

Heute fühle ich ganz bewusst in mein Herz hinein und nehme wahr, wie die Kraft des Herzens sich in mir ausbreitet. Alles andere lasse ich los.

24. November

Meister Eckhart sagt:
»Durch die Bindung an unser eigenes Ich stehen wir uns selbst im Wege und können nicht Frucht tragen, uns selbst nicht verwirklichen.«

Heute frage ich mich: »Wer oder was möchte durch mich Frucht tragen?«
Ich spüre in mich hinein und lausche der Antwort.
Und dann frage ich mich: »Und was muss ich dafür loslassen?«
Wieder lausche ich der Antwort und nehme sie dankbar an.

25. November

»Die Werkzeuge des Geistes werden zu Ballast,
wenn die Umgebung, die sie notwendig gemacht haben,
nicht mehr existiert.«
(Henri Bergson)

Heute prüfe ich, ob ich noch eine alte Denk- oder Handlungsweise mit mir herumschleppe, die meiner aktuellen Situation nicht mehr angemessen ist. Ich bitte meine Intuition, eine für mich brauchbarere zu entdecken.

26. November

»Wer in seinem Herzen daheim ist, dem erscheinen alle Orte auf der Erde gleich gut.«
(Hermann Stehr)

Heute richte ich meine Aufmerksamkeit auf den Wohnort, an dem ich mich befinde, und sehe in ihm und der Umgebung eine innewohnende Schönheit.

27. November

»Negative Gedanken können Sie ganz einfach neutralisieren, indem Sie, statt diese zu denken, in Ihr Herz gehen!«
(Klaus Jürgen Becker)

Heute prüfe ich, welche Gedanken ich habe über meinen Beruf, meinen Arbeitgeber, meinen Partner, meine Lebensumstände. Sind diese Gedanken aufbauend, genieße ich sie. Sind sie jedoch bewertend oder gar negativ, so öffne ich mein Herz und habe Verständnis dafür, wie ich denke und fühle.
Ich beobachte, wie sich dadurch die Qualität meiner Gedanken und Gefühle verändert.

28. November

»Jeder Gedanke, jedes Gefühl, auch unsere geheimen inneren Gedanken teilen sich unwillkürlich unserem Geliebten oder Freund mit, sogar auf eine Entfernung über tausend Meilen.«
(Carol Anthony)

Heute achte ich bewusst darauf, dass ich es unterlasse, in irgendeiner Form abfällig über einen ganz bestimmten Menschen, mit dem ich verbunden bin, zu denken oder zu sprechen. Ich ehre und achte ihn stattdessen für etwas, was ich ehrlichen Herzens gut an ihm finde.

29. November

»Die meisten Menschen machen das Glück zur Bedingung, aber Glück stellt sich nur ein, wenn man keine Bedingungen stellt.«
(Arthur Rubinstein)

Heute ergänze ich in Gedanken den Satz: »Mein Glück ist abhängig von …« – Was immer an dieser Stelle als Antwort erscheint, ich lasse es los.

30. November

»Nicht die Vollkommenen, sondern die Unvollkommenen brauchen unsere Liebe.«
(Oscar Wilde)

Heute spüre ich hin, ob es in mir oder jemand anderem etwas gibt, das ich als unvollkommen empfinde – und nehme genau das in Liebe an.

Dezember

Leben, Tod, Unsterblichkeit

1. Dezember

Vom Fußball her wissen wir, dass wir umkehren müssen.
Kein Stürmer würde auf die Idee kommen, nach der Halbzeit
noch auf das gleiche Tor zu spielen wie in der ersten Halbzeit.
Wir müssen umkehren, damit das Leben durch uns
seinen Sinn erfüllen kann.
Nachdem wir erfahren haben, welche Probleme
uns unser Ego bringt, sollten wir umkehren und
stattdessen das Selbst durch uns wirken lassen.

Heute nehme ich mir eine Lebenssituation vor, die mir wichtig ist, und frage mein Ego, wie es damit umgehen möchte. Ich bedanke mich für die Antwort, die ich erhalte. Und dann frage ich mein Selbst. Und bedanke mich ebenfalls für die Antwort. Ich entscheide mich dafür, in dieser Situation nicht aufseiten des Egos, sondern zugunsten des Selbst zu spielen.

2. Dezember

»Gäbe es in deinem Leben eine Person, die dich so behandeln würde, wie du dich selbst behandelst, du wärst sie schon längst losgeworden.
(Cheri Huber)

Heute gehe ich liebevoll mit mir selbst um und verwöhne mich mit guten Gedanken und kleinen Freuden. Ich schließe Freundschaft mit mir selbst.

3. Dezember

»Der Ich-Gedanke ist die Quelle allen Leidens!«
(Ramana Maharshi)

Heute mache ich mir bewusst, wer ich wirklich bin. Wann immer ein Problem auftaucht, lasse ich den »Ich-Gedanken« los und erfahre das Aufatmen, das dadurch entsteht. Dann ist da nicht »mein Problem«, sondern »ein Problem«, nicht »meine Konditionierung«, sondern »eine Konditionierung«, nicht »mein Trauma«, sondern »ein Trauma«. Ich erkenne, dass all dies, womit ich mich bisher identifiziert habe, nicht zu meinem wahren Selbst gehört.

4. Dezember

»Die meisten Probleme lassen sich auf ein Kernproblem reduzieren: Das große Missverständnis, ein vom Ganzen getrenntes ›Ich‹ zu sein!«
(Klaus Jürgen Becker)

Bei allen Anhaftungen, Problemen, Sorgen frage ich mich heute, ob sie wirklich zu mir gehören. Wer ist es, der davon betroffen ist? Und wer ist es, der all dies wahrnimmt?

5. Dezember

»Das Leben aus deinem wahren Selbst heraus hat eine besondere Qualität: Klarheit, Zentriertheit, Abwesenheit vom Ego. Je öfter du diese Qualität kostest, umso mehr wirst du sie als den stimmigen Ausdruck des Ganzen durch dich empfinden.«
(Klaus Jürgen Becker)

Heute nehme ich ganz bewusst wahr, ob mein Ego oder mein Selbst durch mich wirkt. Wann immer ich erlebe, dass mein Ego von mir Besitz ergreift, halte ich inne, nehme einen tiefen Atemzug und erlaube meinem Selbst, durch mich zu wirken.

6. Dezember

Immer wieder müssen Sie sich entscheiden, ob
Sie glücklich sein oder recht haben wollen.

Ich achte heute auf solche Situationen.

7. Dezember

Unsere Welt mit ihrem Festhaltewahn steht auf dem Kopf. Niemand sagt uns, dass wir vom Unwesentlichen zum Wesentlichen kommen müssen. Niemand sagt uns, was »wesentlich« ist, d.h. unser »wahres Wesen« betrifft.

Heute setze ich mich einige Minuten hin und frage mich: »Wer bin ich wirklich?« Und: »Was von dem, was ich jetzt tue, ist wesentlich?«

8. Dezember

Das Bibelwort des heiligen Paulus »ich sterbe täglich« bedeutet nicht, es sich schlecht gehen zu lassen, im Gegenteil: Es fordert lediglich zum Loslassen der leidbringenden alten Vorstellungen auf. Es bedeutet: »Ich bin bereit, jeden Tag aufs Neue meine überholten Erwartungen, Emotionen, Glaubenssätze, Prägungen loszulassen, damit ich Öffnungen schaffe für das, »was ist«, und so jeden Tag als neu und spannend erleben kann!«

Heute stelle ich mir vor, meine letzte Stunde wäre gekommen. Bewusst lasse ich alles los, was mich an diese Welt bindet. Ich verwende dazu die Formel: »Ich lasse los …« (zum Beispiel: »Ich lasse meine Bindungen an diesen Körper los.«)
Nachdem ich mich so losgesagt habe, nehme ich ganz bewusst das, was jetzt auf mich zukommt, an – als Geschenk des Lebens an mich.

9. Dezember

Das Einzige, was Sie nach dem Tod Ihres Körpers
in die »andere Welt« mitnehmen können,
sind Ihre Weisheit und Ihre Liebe.

Heute treffe ich ganz bewusst Entscheidungen, die auf Weisheit und Liebe beruhen – und lasse alles andere los.

10. Dezember

Das Leben ist wie eine Reise in einem Zug: So wie die Landschaften aus dem Zug betrachtet vorüberziehen, so zieht auch Ihr Leben vorüber. Ob Sie die Fahrt im Zug genießen oder nicht, ist Ihre Entscheidung.

Heute mache ich mir bewusst, dass ich ein Reisender bin und diese Welt nur eine Durchgangsstation. Ich mache mir, ungeachtet meiner Lebensumstände, bewusst, wer ich wirklich bin und worum es im Leben wirklich geht: Liebe und Weisheit!

11. Dezember

Es ist ein Schicksal unserer Kultur, dass wir den Tod verdrängen, obwohl er doch täglich vor unseren Augen liegt. Bei den Tibetern gehört die Auseinandersetzung mit dem Tod zur Lebensausbildung der Heranwachsenden. Wer sich mit dem Tod auseinandersetzt, wird dadurch nicht lebensmüder, im Gegenteil: Er wird lebensfreudiger, weil er gelernt hat loszulassen, weil er weiß, was wesentlich ist.

Heute lasse ich alle Alltagsblindheit los und treffe Entscheidungen, die aus der Sicht des Unendlichen sinnvoll und hilfreich sind. Ich frage mich in jedem Augenblick: Worauf kommt es jetzt wirklich an?

12. Dezember

Wenn ein Besitz zu Ihrem wahren Selbst gehören würde, dürften Sie ihn nach dem Tode mitnehmen, doch das ist nicht der Fall. In alten Gräbern entdeckte man, dass die Schätze von Königen oder Pharaonen, Gold oder Juwelen, mit beerdigt wurden. Heute wissen wir, wie unsinnig dies ist. Noch immer setzen Menschen irrtümlicherweise den Körper mit ihrem Selbst gleich. Doch es gilt zu erkennen: Sie sind nicht der Körper, den sie tragen. Spätestens mit dem Tod müssen sie auch ihren Körper loslassen.

Heute mache ich mir bewusst: Ich bin nicht der Körper, sondern das Bewusstsein, das durch diesen Körper wirkt.

13. Dezember

Jesus sagt in Matthäus 6, 19–21: »Sammelt nicht Schätze auf Erden, wo Motten und Rost sie zunichtemachen und wo Diebe einbrechen und stehlen. Sammelt vielmehr Schätze im Himmel, wo weder Motten noch Rost sie zunichtemachen und wo Diebe nicht einbrechen und stehlen. Denn da, wo dein Schatz ist, wird auch dein Herz sein.«

Heute mache ich mir bewusst, was das Wertvollste ist, das ich besitze. Ich bitte mein wahres Selbst in der Meditation, mir meinen größten (inneren) Schatz zu zeigen.

14. Dezember

»Das Geheimnis des Glücks liegt nicht im Besitz, sondern im Geben.«
(Volker J. Becker)

Für denjenigen, der sich bisher ärgerte, dass es ihn Zeit gekostet hat, anderen Menschen zu helfen, ist dies ein völliges Umdenken. Er wird sich des Wertes bewusst, den er für andere darstellt.

Heute prüfe ich, was ich anderen Menschen geben konnte. Ich erinnere mich an meine Beiträge für andere Menschen – und bin dankbar dafür.

15. Dezember

Loslassen bedeutet, am Ganzen teilzunehmen, wissend,
dass nichts von alledem, was Sie Ihr Eigen nennen,
letztendlich Ihnen gehört.
Sie sind nackt auf diese Welt gekommen und
Sie werden nackt wieder gehen.
Loslassen müssen Sie am Ende dieser Reise
letztendlich alles, sogar Ihr Leben.

Heute stelle ich mir vor, meine Sterbestunde sei gekommen, und von dort aus rückblickend frage ich mich: »Wofür lohnt es sich zu leben? Wofür lohnt es sich zu sterben? Was macht mein Leben lebenswert?«
Ich lausche meiner inneren Antwort.

16. Dezember

Es kam einmal ein Mann in meine Praxis, der sagte: »Ich hatte eine so schlimme Kindheit!« – Ich antwortete ihm: »Seien Sie doch froh, dass sie vorbei ist!«

Heute lebe ich ganz bewusst im »Hier und Jetzt«.

17. Dezember

Wer die Kunst des Loslassens gelernt hat, kann jeden Tag als Geschenk der »Einen Kraft« genießen. Er versucht gar nicht erst, dem Heute die Vorstellungen des Gestern aufzuprägen. Er haftet nicht dem Alten an.

Heute öffne ich meine inneren Sinne dafür, die Geschenke des Lebens zu empfangen – in jedem Augenblick.

18. Dezember

Wenn Sie erfahren, dass Sie durch eine universelle Kraft geführt werden, müssen Sie nicht mehr alles festhalten und kontrollieren. So ist die Frage des Loslassens auch eine Frage Ihrer Beziehung zu der »Einen Kraft«. Sobald Sie losgelassen haben, werden Sie erkennen, dass die Eine Kraft durch das Leben ständig zu Ihnen spricht. Das Leben bietet Ihnen in jedem Augenblick die Antworten, die Sie suchen – wenn Sie dafür offen sind.

Heute bin ich offen für die Botschaften und Signale, die ich vom Leben immer wieder im »Hier und Jetzt« bekomme.

19. Dezember

Um wirklich loslassen und uns der »Einen Kraft« hingeben zu können, benötigen wir Unschuld, Urvertrauen, Selbstliebe, die Bereitschaft, für uns einzustehen und uns mit dem Leben zu konfrontieren als der, der wir wirklich sind. Wenn wir eine Bitte im Herzen haben und diese aus dem Herzen heraus gerade und ehrlich formulieren, wird uns das Leben darauf die Antwort präsentieren.

Heute spüre ich ganz tief in mein Herz hinein und finde die dringlichste Bitte bzw. Frage, die ich auf dem Herzen habe. Ich sende sie an das Leben aus.

20. Dezember

Vergebung bedeutet, wie das Wort bereits besagt, so mit einem Menschen oder einer Situation umzugehen, als wenn das Schlimme nie passiert wäre.

Heute prüfe ich, ob es eine »schlimme Situation« in meinem Leben gab, die mich belastet hat. Falls ja, tauche ich noch einmal ein in diese Szene. Ich spüre hin, wie sich meine Seele in dieser Situation gefühlt haben mag. Ich spreche mit meiner Seele und lade sie ein, mit mir in die Jetzt-Zeit zu gehen. Mit meiner Seele gemeinsam schaue ich auf die Situation noch einmal zurück und sehe: Es ist nicht wahr – meine Seele ist nicht mehr dort. Ich spüre die Kraft meiner Seele vollständig im »Hier und Jetzt«.

21. Dezember

Überlegen Sie einmal, welchem Menschen Sie durch Ihr Verhalten möglicherweise Schwierigkeiten bereitet haben. Drücken Sie – zumindest geistig – Ihr Bedauern aus. Sprechen Sie in Gedanken zu diesem Menschen, zu seiner Seele, und sagen Sie die magischen Worte: »Es tut mir leid« und: »Ich liebe dich!«

Ich tue dies jetzt.

22. Dezember

»Unser Gehirn ist so verkabelt, dass wir nur sehen, was wir für möglich halten. Wir gleichen bereits in uns durch Konditionierung bestehende Muster ab.«
(Candace Pert, Ph. D.)

Heute frage ich mich: »Was wäre eine positive Veränderung in meinem Umfeld, die zwar wünschenswert wäre, die ich aber bisher nicht für wahrscheinlich hielt?«
Rein aus Entdeckerfreude stelle ich mir einmal vor, genau diese positive Veränderung wäre möglich. Ich genieße die Freude dieser Vorstellung und beobachte wertfrei, wie sich in meinem Umfeld alleine schon dadurch eine positive Veränderung zeigt.

23. Dezember

»Der wirkliche Trick im Leben ist nicht der, Bescheid zu wissen, sondern sich des Geheimnisvollen bewusst zu sein.«
(Alan Wolff)

Heute nehme ich drei tiefe Atemzüge und spüre auf das Geheimnisvolle hin, das mich umgibt.

24. Dezember

Viele Menschen fühlen sich belastet, aber sie wissen überhaupt nicht, was der Grund der Belastung ist. Die genaue Erkenntnis dessen, was die eigentliche Belastung darstellt, ist unbedingt wichtig, damit die notwendige Erleichterung eintreten kann.
Häufig liegt die Belastung in einem falschen Denken über die eigenen Lebensumstände – sobald Sie dieses ändern, spüren Sie wieder Ihre eigene Frische und Unschuld.

Heute frage ich mich: »Fühle ich mich belastet?« Falls ja, jammere ich nicht darüber, sondern prüfe, worin die eigentliche Belastung liegt und was ich demzufolge loslassen muss, um frei zu sein – und lasse dieses los.

25. Dezember

Das Loslassen soll dem Erkennen und Erleben der Unsterblichkeit, der »Wirklichkeit hinter dem Schein« dienen. Ein altes Gebet lautet: »Führe mich vom Unwirklichen zum Wirklichen, vom Dunklen führe mich zum Licht, vom Tod führe mich zur Unsterblichkeit.«

Wenn ich mag, kann ich heute dieses Gebet mehrmals beten und spüren, was es in mir auslöst.

26. Dezember

In der Stille lösen sich alle Schuldgefühle auf – wenn Sie dies erlauben!

Heute gehe ich in die Stille und prüfe, ob ich irgendwelche Schuldgefühle hege. Ich vollende den Satz: »Ich bin schuld, daran, dass …« Was kommt in mir hoch? (Beispiel: »Ich bin schuld, dass ich auf der Welt bin.«) Ich erlebe, wie die Energie des Satzes in mir etwas auflöst, das mit Schuld zu tun hatte. Ich nehme diesen Satz mit in meine Stille. Ich beobachte meinen Atem. Ich spüre die Wirkung des Satzes auf meinen Körper, erlaube sie vollkommen, aber bleibe der Beobachter. Ich fühle immer wieder, wie ich zu dem jeweiligen Satz stehe. Dann, aber erst dann, wenn ich spüre, dass dieser Satz keine Kraft mehr hat, nehme ich drei tiefe Atemzüge und komme zurück ins »Hier und Jetzt«.

27. Dezember

Die Identifikation mit dem kollektiven dualistischen Denken erzeugt Leiden, weil es sich auf einer Ebene von Schuld, Ursache und Wirkung, Täter und Opfer bewegt. Freiheit findet der Mensch, wenn er aus einem Bewusstsein heraus lebt, welches das duale Denken übersteigt. Dieses wird auch »Buddha-Bewusstsein« oder »Erleuchtungsgeist« genannt.

Heute bin ich mir immer wieder meines Selbst bewusst und erkenne, wie der kollektive Mind operiert. Ich durchschaue das Leiden, das er verursacht, und lebe bewusst im »Hier und Jetzt«, ohne mich dort hineinziehen zu lassen.

28. Dezember

»Stelle dich jeden Morgen vor den Spiegel. Frage dich: ›Wer ist es denn überhaupt, der ein besserer Mensch werden will?‹«
(Susan Ichi Su Moon)

Ich liebe mich und spüre heute ganz bewusst, was aus mir selbst heraus geschehen möchte.

29. Dezember

Tief im Herzen jedes Menschen ist ein grundlegendes Gut-Sein verankert – dies ist seine eigentliche Natur.

Heute lasse ich los, ein »besserer« Mensch werden zu wollen, als ich bin. Ich vertraue meinem grundlegenden Gut-Sein, öffne mich dafür, dieses zu spüren. Ich lasse meine Anbindung an das »kollektive Ego« und an die Bewertungen des Egos bewusst los.

30. Dezember

Akzeptieren bedeutet, die Etiketten zu lösen, die wir auf die »Realität« geklebt haben. Auf einmal haben wir keine »guten« und »schlechten« Menschen oder Umstände, sondern nur noch Umstände und Menschen. Uns werden unsere eigenen Projektionen bewusst und wir kommen wieder zurück zu uns selbst.

Heute nehme ich die »Realität« wahr – frei von Bewertungen.

31. Dezember

»An einem offenen Paradiesgärtchen geht
der Mensch gleichgültig vorbei und wird erst traurig,
wenn es verschlossen ist.«
(Gottfried Keller)

Heute mache ich mir die Geschenke bewusst, die ich in diesem Jahr erhalten habe, und spüre im Innersten meines Herzens Dankbarkeit dafür.

Nachwort

Wir leben davon, dass nicht alles aufgerechnet und berechnet wird …

Sie haben mit diesem Kalender die Möglichkeit erhalten, nicht nur losgelöst zu leben, sondern sich auch mit dem zu verbinden, was ewig und dauerhaft ist, und daraus zu schöpfen. Indem Sie alles Unwesentliche loslassen, erleben Sie Ihre Verbindung mit dem Wesentlichen. Das Wesentliche ist wie die wärmende Sonne, welche ihre Strahlen verschenkt und sich so als eine wahrhaft Gebende erweist. Die Strahlen der Sonne versinnbildlichen die bedingungslose Liebe, die Sie aussenden. Im Gegensatz zum Geld, das immer weniger wird, je mehr man es verschwendet, wächst Ihre bedingungslose Liebe mit dem Ausmaß Ihres Gebens.

Um Liebe bedingungslos aussenden zu können wie die Sonne ihre Strahlen, wird eben jene Losgelöstheit benötigt, die Sie mithilfe dieses Buches erfahren haben. In dieser Losgelöstheit lässt sich optimistisch in die Zukunft sehen. In losgelöster Haltung können Sie stets das annehmen, loslassen und verwandeln, was Ihnen im »Hier und Jetzt« begegnet. Ich hoffe, Sie hatten in diesem Jahr mithilfe des Loslass-Kalenders viel Freude. Ich wünsche Ihnen ein losgelöstes und glückliches Leben!

Ihr

Kurt Tepperwein

Produkte zum Wohlfühlen
Ausbildungen zum Durchstarten
DVDs zur Innenbildung
CDs zum Entspannen

Kurt Tepperwein by
IAW

Ihr Ansprechpartner
für alle Lebensbereiche!

„Unsere Herzens-Aufgabe
ist die Bewusstseinsentfaltung."

E-Mail: go@iadw.com
❖ www.iadw.com ❖

- ❖ Tepperwein-Heimlehrgänge
- ❖ Tepperwein-Kompaktlehrgänge
- ❖ Tepperwein-Ausbildungen

- ❖ Bücher
- ❖ CDs und DVDs
- ❖ Geschenksartikel
- ❖ Gesundheitsboutique

Internationale Akademie der Wissenschaften Anstalt
Postfach 1628, FL-9490 Vaduz
Tel: +423 233 12 12 / Fax: +423 233 12 14